상평통보의
일생

상평통보의 일생

초판 1쇄 인쇄일	2025년 11월 19일
초판 1쇄 발행일	2025년 11월 26일
기 획	한국국학진흥원
지은이	유현재
펴낸이	한선희
펴낸곳	국학자료원 새미(주)
	등록일 2005 03 15 제251002005000008호
	경기도 고양시 덕양구 권율대로 656 원흥동 클래시아 더 퍼스트 1519, 1520호.
	Tel 02)442-4623 Fax 02)6499-3082
	www.kookhak.co.kr
	kookhak2010@hanmail.net
ISBN	979-11-6797-270-5 *94910
	979-11-6797-264-4 *94910 (세트)
가격	15,000원

한국국학진흥원 전통생활사총서 46

유현재 지음
한국국학진흥원 기획

상평통보의
일생

국학자료원

한국국학진흥원은 2022년부터 문화체육관광부의 지원 아래 전통생활사총서 사업을 기획하였다. 이 사업은 전통시대 생활문화를 대중에게 널리 알리고자 해마다 20명의 생활사 전문 연구진을 섭외하여 추진해 왔다. 지난해까지 40종의 총서를 대중에게 선보였고, 올해도 다채로운 주제를 담은 20권을 발간하였다.

한국국학진흥원은 국내에서 가장 많은 67만여 점에 이르는 민간 기록물을 소장하고 있는 기관이다. 대표적인 민간 기록물이라 할 수 있는 일기와 고문서는 당시 사람들의 일상을 세밀하게 이해할 수 있는 생활사의 핵심 자료이다.

그동안 한국의 역사는 '조선왕조실록'이나 '승정원일기'와 같이 세계적으로 자랑할 만한 국가 기록물의 존재로 인해 중앙을 중심으로 이해되어 온 경향이 있다. 반면 민간의 일상생활에 대한 이해와 연구는 상대적으로 덜 주목받은 것도 사실이다. 다행히 한국국학진흥원은 일찍부터 민간에 소장되어 소실 위기에 처한 자료들을 수집하고 보존 처리하며 관리해 왔다. 나아가 이들 자료를 번역하고 심층 연구하여 대중에 공개했다. 이러한 민간 기록물을 활용하고 일반 대중에게 기여할 수 있는 효과적인 방법으로, '전통시대 생활상'을 생생하게 재현한 대중서로 집필하기에 이르렀다. 이는 일반인이 쉽고 재미있게 읽을 수 있는 전통생활사총서를 간행한 이유이기도 하다.

총서 간행을 위해 일찍부터 생활사의 세부 주제를 발굴하는 전문가 자문회의를 개최하고, 전통 생활문화를 가장 잘 구현할 수 있는 핵심 키워드를 선정하였다. 인간의 생활을 규정하는 보편적 분류인 정치, 경제, 사회, 문화의 큰 틀 아래, 매년 각 분야에서 핵심적이고 흥미로운 키워드를 선정하여 집필 주제를 정했다. 이번 총서의 키워드는 정치는 '지방 수령의 생활', 경제는 '시장 경제와 화폐 유통', 사회는 '질병과 의료', 문화는 '여가생활'이다.

각 분야마다 5명의 전공자로 집필진을 구성하고, 독자들이 어디서나 가볍게 들고 다니며 쉽게 읽을 수 있도록 다양한 사례를 풍부하게 담아달라고 요청하였다. 풍부한 사례 제시와 더불어 전문 연구자의 깊이 있는 시각을 담아 대중성과 전문성을 동시에 담보할 수 있는 것이 본 총서의 매력이다.

전문적인 서술로 대중을 만족시키기는 결코 쉽지 않다. 원고 의뢰 이후 5월과 8월에는 각 분야의 전공자를 토론자로 초청하여 2차례의 포럼을 진행하였고, 11월에는 완성된 초고를 바탕으로 대규모 학술대회를 개최하였다. 포럼과 학술대회를 통해 원고의 방향과 내용이 더욱 견고해지도록 점검하는 시간을 가졌다. 원고 수합 이후에는 각 책마다 전문가 3인의 심사 의견을 받았다. 출판사를 선정하여 수차례의 교정과 교열 작업을 거치며 완성도를 극대화했다. 책이 세상의 빛을 보기까지 꼬박 2년이 걸렸다. 짧다면 짧은 기간이지만, 2년의 응축된 시간 동안 꾸준히 검토 과정을 거쳤고, 토론과 교정을 통해 원고의 완성도를 높이기 위해 분주히 노력했다.

전통생활사총서는 국내에서 간행하는 생활사총서로는 가장 방대한 규모이다. 국내에서 전통생활사를 연구하는 학자 대부분을 포함하였다. 2024년도 한 해의 관계자만 연인원 백 명이 넘는 명실공히 국내 최대 규모의 생활사 프로젝트이다.

1990년대 이후 폭발적으로 증가했던 일상생활사와 미시사 연구에 대한 학계의 관심이 근래 들어 다소 소홀해진 상황이다. 본 총서의 발간이 생활사 연구에 활력을 불어넣는 계기가 되기를 기대한다. 연구의 활성화는 연구자의 양적 증가로 이어지고, 연구의 질적 향상 또한 이끌 것이다. 이는 전통문화에 대한 대중들의 관심 역시

증폭시키는 선순환을 만들어 낼 것이라 고대한다.

본 총서는 한국국학진흥원의 연구 역량을 집적하고 이를 대중에게 소개하기 위해 기획된 대표적인 사업 중 하나이다. 참여 연구자의 대다수가 전통시대 전공자이며 앞으로 수년간 지속적인 간행을 준비하고 있다. 올해에도 20명의 새로운 집필자가 각 어젠다를 중심으로 집필에 들어갔고, 내년에 또 20권의 책이 간행될 예정이다. 앞으로 계획된 총서만 100권에 달하며, 여건이 허락하는 한 이 소중한 작업을 지속할 예정이다.

대규모 생활사총서 사업을 지원해 준 문화체육관광부에 감사하며, 본 기획이 가능하게 된 것은 한국국학진흥원에 자료를 기탁해 준 분들 덕분이다. 다시 한번 깊이 감사드린다. 아울러 총서 간행에 참여한 집필자, 토론자, 자문위원 등 연구자분들께도 진심으로 감사 인사를 전한다. 책의 편집을 책임진 국학자료원에도 고마움을 표한다. 이 모든 과정은 한국국학진흥원 여러 구성원들의 노력이 있었기에 가능했다.

2025년 11월
한국국학진흥원 인문융합본부

차례

인류는 아주 오래전부터 화폐를 사용해 왔다. 그중에는 조개껍데기와 같은 자연에서 쉽게 취득 가능한 물품도 포함되어 있다. 화폐로 가치가 있을 것 같지 않고 요즘은 어디서나 흔하게 볼 수 있는 조개껍데기를 근대사회로 들어서기 바로 직전까지 화폐로 사용하고 있었다. 그런데 그들은 왜 조개껍데기를 화폐로 사용했을까? 그리고 언제까지 사용하고 있었을까? 당최 현대적 관념으로는 이해하기가 힘들다.

칼로 번역이 되는 나이프Knife는 물건을 자르는 용도로 쓰이는 날카로운 도구를 의미한다. 나이프라는 단어를 듣게 되면 대부분 물건을 자르거나 사냥을 하던 혹은 군인들이 가지고 다니던 무기였던 칼을 아마 상상할 것이다. 하지만 현대인들은 무기로 사용하는 칼보다 식탁에서 사용하는 나이프 즉, 또 다른 칼을 더 자주 접하게 된다. 특히 젊은 세대들이 사용하는 나이프는 무기가 아닌 버터나 잼을 빵에 쉽게 바르기 위한 도구로 인식하는 경우가 많을 것이다. 이러한 상황이 보편화되면서 만약 칼을 그려보라는 과제를 초등학생들에게 낸다면 대부분은 무기가 아닌 뭉툭한 그리고 잘 코팅된

작은 버터 칼을 선택해 그려 올 것이다. 칼에 대한 인식 자체가 시간이 지나면서 달라지게 된 것이다. 사물에 대한 인식은 당시의 상황과 맥락 속에서 결정되며 사람마다 접하게 되는 환경에 따라 크게 변할 수 있다. 만약 나이프를 무기로만 한정하여 날카로움으로 그 기능을 평가하려고 한다면 현대인들이 식탁에서 사용하는 나이프는 고철로밖에 대접을 받지 못할 것이다. 칼에 대한 정확한 정의를 짓기 위해서 우리는 칼이라는 물건의 정의를 맥락 속에서 그때그때 달리해야 할 필요성을 절실히 느끼게 된다.

화폐도 마찬가지라고 생각한다. 화폐의 모양은 비슷하고 교환수단이라는 공통점은 예나 지금이나 유사하다. 하지만 화폐라는 공통된 외형을 갖추고 있더라도 각각의 화폐는 시간과 공간에 따라 다른 역할과 기능을 하고 있다. 어떤 학자는 전근대 화폐의 기능은 총 여덟 가지나 된다고 이야기하기도 한다. 만약 화폐의 한두 가지 기능만으로 전체 의미를 정의하려고 시도한다면 화폐에 대한 올바른 역사적 이해는 요원해진다고 생각한다. 버터를 바르는 칼에서 물건을 자르는 칼까지 그 종류와 기능은 외형만으로 짐작할 수 없는 것이 사실이다. 화폐도 마찬가지라고 생각한다. 상평통보常平通寶라는 화폐는 겉모습은 중국에서 통용되던 화폐와 거의 같지만 작명부터 중국과는 또 다른 모습을 보이고 있다. 왕대가 바뀌면 화폐의 이름이 바뀌던 중국과 달리 조선에서 상평통보는 탄생부터 소멸까지 한가지 이름으로 유통되었다. 다른 듯 같은, 같은 듯 다른 전근대 화폐는 맥락과 배경 속에서 또 다른 모습을 보여주고 있다.

전근대 화폐에 대한 의문점들

예나 지금이나 돈 싫어하는 사람은 없을 것이다. 작은 동전이나 지폐는 액면가대로 그에 상응하는 물건과 교환할 수 있다. 보관도 용이해 쌀이나 면포처럼 잘 썩지도 않는다. 화폐의 액면가는 그대로 보전되어 저축할 수도 있고 요즘에는 핸드폰으로도 저축한 화폐의 총액을 쉽게 알 수 있다. 곡물이나 다른 값비싼 물건처럼 손상을 입거나 가치를 잃을까 염려하지 않아도 된다. 편리한 기능 때문에 명절에는 친척끼리 돈 자체를 선물과 같이 주고받기도 한다. 돈을 받을 때 그 액면가에 해당하는 가치의 물건을 어렵지 않게 상상하며 기대에 부풀기도 한다. 이렇게 편리하면서도 가치를 담보한 돈은 우리의 일상에 퍼져 들어가 오늘날 돈이 없다면 단 하루도 살아가기 힘들다. 버스 요금을 지불할 때에 나한테만 소중하다고 요금을 쌀이나 닭고기로 돈 대신 낼 수는 없지 않은가? 또 우리가 수중에 화폐가 없다면 물건을 살 때 일상에서 많은 인내심을 갖고 대처해야 할 일들이 생겨날 것이다.

지금은 돈으로 상점에서 물건을 사는 것이 일상이 되었지만 만약 돈이 없는 시대에 태어났다면 어떻게 살아갈 수 있을까? 보통 고전경제학에서는 돈이 없더라도 '필요한 물건이 양쪽에서 정말로 우연하게 일치Coincidence of Wants'한다면 거래가 성사된다고 보았다. 하지만 일반적으로 그런 경우는 실생활에서 거의 일어나지 않는다. 현물 거래를 한다면 항상 누군가는 손해를 보는 것 같고 그 차액을 보상받기 원하는 상황은 자주 나타날 것이다. 경제학자들은 현실에서 나타나는 이런 사태를 막고지 사람들이 화폐를 만들었다고 보았다. 예를 들어 당근이 너무 필요한 요리사와 핸드폰이 필요한 영업사원이 각각 핸드폰과 당근만을 가지고 있어 필요의 절실함에 따라 당근과 핸드폰을 교환했다고 치자. 설령 상대방이 가진 물건이 필요해 거래가 성사되더라도 핸드폰 대신 당근을 가져간 요리사는 엄청난 손해를 보는 거래를 했다고 자책했을 것이다. 물론 핸드폰이 당근보다 아주 훨씬 더 비싸기 때문이다. 핸드폰만을 가지고 있고 당근이 꼭 필요했던 요리사는 핸드폰을 주고 당근을 물물교환하면서 비싼 핸드폰과 당근의 차액에 해당하는 무언가를 더 받아야 마땅했다. 하지만 차액에 해당하는 물건도 없었고 주섬주섬 주변의 물건들로 해당 차액을 요리사가 대신 받았다면 요리사는 쓰지도 않는 물건을 가득 가지고 와야만 했을 것이다.

현대인들은 이러한 상황에 직면한 적이 거의 없을 것이다. 교환 수단으로 누구나 인정하고 확실한 그리고 액면가가 표기되어 있는 화폐가 있기 때문이다. 현대 생활에서 화폐는 일상을 살아가는 데 필수이다. 화폐 없이 혹은 신용카드 없이 집 밖을 나섰다면 버스나 지하철을 이용할 수도 없다. 지갑을 안 가지고 나왔다는 사실을 깨닫는 순간 망설임 없이 집으로 돌아가는 것이 그나마 최선의 방법일 것이다. 화폐는 편리함과 발전의 상징처럼 오늘날 우리의 생활을 지배하고 있다고 해도 과언이 아니다.

그렇다면 우리는 언제부터 화폐를 사용하기 시작했을까? 그리고 왜 이토록 편리하고 효용성이 좋은 화폐를 더 빨리 만들어 쓰지 않았을까? 가까운 나라인 중국이나 심지어 일본도 우리보다 동전을 더 빨리 사용했는데 말이다. 비교를 하자니 궁금증이 더해진다. 왜 우리는 돈을 1678년에 이르러서야 전국적으로 유통될 정도로만 만들어 사용하기 시작했을까? 화폐를 제작하는 기술력이 부족해서일까? 그런데 이미 통일신라기 평범한 석수들이 만든 석굴암의 과학적 조성 원리는 현대인들도 감탄할 정도로 뛰어났다, 그뿐인가? 고려시대에 만든 팔만대장경은 장마와 같이 목재에는 극한의 기상 조건 속에서도 부식이나 충해 없이 몇백 년 동안 원형 그대로 보전되었다. 그 기술력은 현대 과학기술을 뛰어넘을 정도이다. 이러한 기술 수준이라면 현실적으로 동전 정도를 못 만들었을 이유는 없다고 본다. 동전의 주성분은 구리였고 우리는 아주 오래전 구리와 주석을 합금하여 만든 청동기로 한반도에서만 발견되는 세형동검을 만들어 썼기 때문이다.

혹시나 돈이라는 존재를 아예 몰랐을까? 그렇다고 하기에는 한반도에서는 이미 고조선부터 돈을 사용했던 흔적을 기록으로나마 확인할 수 있다. 더 일찍 만들어 사용했더라면 백성들의 생활도 훨씬 편리해졌을 것이고, 세금으로 거두던 쌀을 먼 거리임에도 불구하고 운반해야 했던 조상들의 수고도 상당 부분 덜어졌을 텐데 말이다.

그림 1
한반도에서 발견된 세형동검, 국립중앙박물관 소장, e뮤지엄에서 전재

일찍이 『한서漢書』 「지리지地理志」의 고조선조 '팔조금법'에 따르면 남의 물건을 훔친 자는 노비로 삼고 용서를 받고자 하는 사람은 '50만' 전錢의 돈으로 갚아야 하는 것으로 명시하고 있다.[1] 여덟 개의 법 조목 가운데 세 개의 조목만이 남아 있지만 세 번째 조항에 근거할 때 분명 고조선에도 화폐를 활용했던 것으로 보인다. 그러면 왜 조선시대 그리고 개국한 지도 한참이나 지나 '붕당'이 무르익어 '환국'이 등장하던 시기에 이르러 겨우, 전국적으로 유통되는 상평통보라는 동전을 대량으로 만들어 쓰기 시작한 것일까?

돈의 편리함을 못 느꼈던 것일까? 그렇지 않다. 돈의 필요성은 이미 세종 대 일본에 통신사로 다녀온 박서생朴瑞生이 그 편리함을 언급한 것과 같이 그 기능과 역할에 대해 잘 알고 있었다. 당시 박서생은 통신사로 일본에 다녀오면서 조선에 시행할 만한 일들을 세종에게 아뢰었다. 그 가운데 일본에서 본 화폐사용의 편리함을 상세하게 보고한 내용도 포함되어 있다.

통신사 박서생이 시행할 만한 일들을 갖추어 아뢰기를, (중략) 일본은 그 국도國都로부터 연해沿海에 이르기까지 돈錢을 포백이나 미곡보다도 훨씬 더 많이 사용하기 때문에, 여행하는 사람들이 비록 천 리를 가더라도 돈꿰미錢緡만 차

고 식량을 휴대하지 않으며, 길가에 사는 사람들이 행려자
行旅者들이 기숙할 처소를 설치해 놓고, 만약 손님이 올 것
같으면 서로 앞을 다투어 청하여 영접하고, 손님이 주는 돈
에 따라 인마人馬의 숙식을 제공하며 (하략)

—『세종실록』 권46, 세종 11년(1429) 12월 3일

　　보고한 내용의 핵심은 일본에서는 수도에서부터 연해에 이르기
까지 화폐를 사용하여 여행하는 사람들이 천 리를 가더라도 식량을
가져가는 대신 화폐를 휴대하고 여행을 한다는 것이다. 조선에서는
향촌에 거주하는 양반이 지방에서 서울로 이동을 할라치면 노비들
과 나귀도 얻어 식량과 옷가지를 싣고 가야 서울로 갈 수 있었던
현실과 비교할 때 가벼운 화폐의 편리함은 눈에 뜨일 정도였을 것
이다. 그렇다면 일본에서는 민간에서조차 활발하게 화폐를 쓰고 있
는데 우리도 쓰면 좋겠다는 박서생의 제안은 왜 바로 실현되지 않
았던 것일까?

　　우리나라는 발전 특히 상업의 발전이 더뎌서 화폐의 사용이 늦어
진 것일까? 화폐는 교환수단이므로 전근대 역시 화폐의 유통은 상
업과 밀접한 관련이 있다고 볼 수도 있다. 그런데 교과서에서 확인
할 수 있는 것과 같이 우리나라의 무역은 이미 고려시대에 벽란도

를 중심으로 해외상인들이 방문할 정도로 발전하고 있었다. 상업 발전의 가장 높은 단계로 여겨지는 국제 무역이 고려시대에 활발하게 나타나고 있었는데, 왜 중국 그리고 일본에서보다 훨씬 늦게 한반도에서는 화폐를 만들어 사용했던 것일까? 역사 속 화폐에 대한 의문은 끊이질 않는다.

표면적으로 드러난 사실에 근거해 본다면 우리나라는 화폐의 사용이 주변국보다 명백하게 뒤처져 있었다. 그러면 우리나라는 화폐를 필요로 하는 제반 환경이 다른 나라보다 늦게 조성된 것일까? 쉽게 대답할 수 없는 물음들은 현재를 살고 있는 우리들이 대답하기엔 단서조차 찾기 어렵다. 화폐는 편리한 것, 화폐는 교환을 편리하게 해주는 것으로만 한정 지어 생각한다면 왜 우리는 준비된 듯한 제반 조건에도 불구하고 주변 국가와 다르게 화폐를 뒤늦게 사용하게 되었는지 확인할 길이 없다. 더구나 화폐의 사용을 경제 혹은 문화의 발전 정도와 동일시한다면 그 해답은 더욱더 찾기 힘들 수 있다. 화폐 보급이 늦었던 원인을 원료의 수급 문제 측면에서 보자면 자원의 부족을 그 탓으로 돌릴 수 있다. 1678년 이후 전국적으로 유통되었던 상평통보의 경우 구리가 주성분인 동전 형태였는데, 당시 한반도에서도 구리는 생산되고 있었지만, 전국적으로 유통될 수량의 동전을 제작할 정도로 충분하지는 않았다.

해당 시기 전 세계적으로 많은 양의 구리를 생산했던 국가는 일본이었다. 특히 17세기 후반의 경우 일본은 전 세계적으로도 구리를 가장 많이 생산하는 국가였다. 일본에서 생산된 구리를 원하는 곳은 가깝게는 중국에서부터 멀게는 유럽까지 존재했다. 일본에서 생산된 구리는 전 세계적인 구리 수요를 충당하고 있었다. 유럽에서는 멀리 네덜란드 동인도회사Vereenigde Oostindische Compagnie까지 참여하여 일본의 구리를 수입해 가고 있었다. 그러나 제아무리 노천에 구리 원광석이 널려있던 일본일지라도 전근대 한정된 기술과 인력으로 구리를 생산해 전 세계적인 수요를 충당할 수는 없었다. 특히 지하로 구리 원석을 캐내기 위해 파 내려갈 경우 물이 차오르는 경우가 비일비재했다. 물을 퍼 올리고 채굴을 지속하기 위해서는 펌프가 필요했지만, 펌프를 작동시킬 동력이 없던 시기였으므로 노천의 구리만 한정하여 채굴할 수밖에 없었다.

이렇게 구리의 생산량은 매우 제한적이었지만 구리의 수요는 더욱 증가해가고 있었다. 구리 생산량이 적었던 중국과 조선에서도 구리 수요는 폭발적으로 증가했다. 물론 일본 내에서도 필요한 구리의 양이 눈에 띄게 늘어가고 있었다. 생산되는 구리는 제한되었지만 수요는 늘어나고 있었으므로 조선은 이들과 경쟁해 이겨내야 했다. 즉, 상평통보를 유통시켰던 시기에도 구리를 구해 동전을 만들기까지 어느 하나 쉬운 일이 없었다. 하지만 주변국에서는 이미 구리의 대량 생산이 이뤄지기 전에 동전이라는 화폐를 유통시키고 있었다. 모든 조건이 완비된 상태에서 화폐를 유통시킨 경우는 그리 흔치 않다. 그렇다면 왜 우리는 1678년에 이르러서야 동전이라는 화폐를 대량으로 만들고 유통시킬 수 있었을까? 이런 전 세계의 사례들을 종합해 보면 화폐는 교과서에 나오는 것처럼 '상품 화폐 경제'의 하위 항목으로 어느 날 갑자기 우리 눈앞에 나타난 것은 아닐 가능성이 높다. 경제적 결과가 아닌 누군가의 노력과 의도가 담긴 정책의 결과가 동전 유통이지 않을지 접근할 필요가 있다. 질문을 바꿔보자. 만들기도 힘들었던 구리로 만든 동전은 꼭 필요한 필수품이었을까? 그렇다면 1678년 이전까지 기나긴 세월 동안에는 어떻게 교환수단 없이 살았으며 1678년 이후 상평통보가 대량으로 만들어지고 유통되면서부터 조선 사람들의 삶은 획기적으로 바뀌었을까?

동전을 비롯한 화폐 특히 신용카드는 현대에 누구나 인정하듯 필수품이 맞다. 그러면 과거에도 모두에게 동일하게 동전이 필수품이었을까? 과거 아주 오랜 기간 동안 구체적으로 1678년 이전 한반도 사람들은 그러면 어떻게 돈 없이 살아왔을까? 동전과 같은 화폐를 늦게 사용하기 시작한 것은 무언가 뒤처져 있는 것으로 보는 것이 옳은가? 이런 질문을 우리는 거의 해본 적이 없는 것 같다. 과거의 화폐와 오늘날의 돈은 다르지 않을까? 이런 생각을 기반으로 과거의 화폐에 대한 지식을 조각조각 모아본다면 화폐의 본질까지는 아니더라도 최소한 과거의 화폐가 오늘날의 화폐와 어떻게 다른지, 그리고 그 화폐를 어떤 식으로 이해해야 할지 알려주지는 않을까 한다. 지폐와 동전 등 과거의 화폐를 오늘날의 관점으로 바라보고 이해하려는 시도는 오히려 전근대 화폐의 원리를 이해하는 데 방해가 되었다고 볼 수 있다.

이 글에서는 이러한 문제점을 과거의 눈을 통해 해결하고 해석하기 위해 1678년(숙종 4)에 만들어 전국적으로 유통된 상평통보를 소환하기로 했다. 과거 화폐의 대표선수로 상평통보를 소환한 것은 상평통보가 유통된 시기가 그나마 현재의 우리와 가장 가깝기도 하지만, 전국적으로 대량 유통되고 가장 오래 유통된 거의 유일한 화폐이기 때문이다. 부차적인 문제이기는 하지만 상평통보는 유통에 대한 가장 많은 논의의 기록이 남아 있어 화폐에 대한 과거의 인식과 그 변화를 확인할 수 있다. 본문에서는 상평통보의 제작부터 유통까지의 과정을 확인하고 역사 속의 화폐와 유통의 성격에 대해 살펴봄으로써 상평통보가 일생을 마치며 우리 전통사회에 끼친 영향을 다양한 측면에서 검토해 보겠다.

1

화폐의 전사前史

화폐가 없던 시절, 사람들은 어떻게 살았을까? 많이 불편하지는 않았을까? 화폐가 없던 시절과 관련해 가장 먼저 떠오르는 몇 가지 질문들이다. 화폐 없이는 가까운 거리 어디도 쉽게 갈 수 없는 오늘날과 비교한다면 당연히 떠올릴 수 있는 질문들이다. 과거 사람들도 역시 사람이니 작고 가치 보전이 확실한 화폐가 없다면 당연히 불편했을 것이라 생각할 수 있다. 하지만 과거의 화폐는 액면가에 따라 교환을 매개해 주는 역할 이외에도 가치를 표기하거나, 저장하는 역할 등 교환수단 이외에도 많은 역할을 수행하고 있었다. 교환수단으로의 기능도 있었지만 화폐 없이도 대다수가 사는 데 큰 불편이 없었다면 교환수단이라는 기능의 비중은 그리 크지 않았을 가능성도 있다.

실제 대부분의 과거 사람들은 화폐가 없이도 오늘날 우리가 생각하는 것처럼 잘살아가고 있었다. 생각해 보면 어린 시절에는 자본주의 사회에 살고 있어도 돈이 없어도 살아가는 데 큰 불편함이 없었다. 내가 필요로 하는 대부분의 것들은 경제적 거래 관계가 아니어도 보호자의 도움으로 구할 수 있었기 때문이다. 의식주는 대가 없이 보호자가 제공해 주었을 것이고, 보호자가 저녁에 늦게 오신다면 주변의 이웃들이 친인척 관계가 아닐지라도 자신의 집에서 저녁까지 먹이며 때론 잠까지 재우고 다음 날 귀가해도 아무런 경제적 비용을 바라지도 않았다. 보호자의 도움 없이도 공동체에 소속될 경우 화폐가 없이도 밥을 먹고 잠을 잘 수 있었다. 그것은 공간적으로 한정되었지만 공동체가 있었기 때문에 가능한 일이었다. 과거의 삶을 이해하기 위해 공동체라는 관점에서 바라보면 일부 다시 보이는 지점이 있는 것은 오늘날에는 존재하지 않는 관계망이 다른 관계 속에서 영향을 주고 있기 때문이다.

또한 전근대 사회에서는 움직일 수 있는 혹은 이동의 자유가 물리적으로도 제한되어 있었으므로 공동체 혹은 그 언저리에서 경제적인 거래 없이도 모든 활동이 가능했다. 설령 경제 활동을 하더라도 화폐라는 수단은 대부분 불필요했다. 분업과 교환을 통해 내가 생산하지 않았던 많은 것들을 얻을 수 있는 현대인과는 다르게 과거 사람들은 일상의 대부분 물품을 공동체 내에서 해결할 수 있었다. 극단적인 예로 가족끼리는 교환을 통해 물건을 얻는 것이 아닌 것처럼 말이다. 보호자가 늦게 귀가할 경우 옆집 아이에게 저녁을 혹은 하룻밤의 숙박을 제공했다고 해서 그에 상응하는 대가를 받았다는 이야기는 들어본 적 없지 않은가?

물리적인 관점에서 접근해 보자. 과거 사람들은 이동도 자유롭

지 않아 하루 동안 걸음으로 이동할 수 있는 거리는 필요에 따라 정말 많아야 30-50km 남짓이었다. 하지만 짐이라도 있다면 그 거리는 더욱 짧아질 수밖에 없었다. 생업에 종사하기에도 바쁜 마당에 굳이 먼 거리를 물건을 짊어지고 이동할 이유는 없었다. 대부분 사람들은 집 주변을 벗어나지 않고도 살아가는 데 아무런 문제가 없었을 것이다. 단 이동이 없던 만큼 모든 것을 주변에서 해결해야 했다. 거래를 하더라도 대부분 아는 주변 사람들과의 거래였을 것으로 보는 것도 이와 같은 이유이다.

전근대 시기, 이전과는 비교할 수 없을 정도로 많은 양의 화폐를 제작해 유통하기 시작했던 시기에도 이러한 상황은 마찬가지였다. 제임스 와트James Watt(1736~1819)의 증기기관이 발명되고도 증기기관 열차가 도입되기 이전까지 전 세계 대부분의 사람들은 이동의 범위가 매우 제한적이었다. 편리한 교환수단인 가벼운 화폐가 넉넉하게 확보되더라도 이동이 원활해지기 이전까지 전 근대인들은 대부분 한정된 공간적 배경 안에서 활동하며 생활을 하고 있었다. 이런 경우 서로의 필요는 거의 공동체 내에서 상호 보완적으로 채워지고 있었다. 굳이 화폐라는 매개를 거칠 필요가 없이 부족한 것들을 서로 상호 간에 도와주다 보니 화폐를 매개로 도움을 주고받을 필요는 없었다. 더구나 동전과 같은 화폐를 만들기 위한 재료마저 부족한 상황에서 시골 구석구석까지 굳이 일상의 필요를 구하기 위해 동전을 별도로 사용할 수 있었을까? 잘 아는 이웃끼리 필요한 물건은 현물로 서로 꾸어주거나 돌려받았고, 좀 낯선 사람들일 경우에는 집에서 먹으려고 두었던 쌀이나 곡물을 조금 가지고 가서 교환했을 것이다. 교통수단이 적고 활동이 제한적이었던 만큼 어느 정도의 거래는 돈 없이도 물건이나 곡물로 가능했을 것이다.

무겁지만 꼭 필요한 쌀

그럼 화폐가 없던 시절 사람들은 동전 같은 화폐 대신 무엇을 교환수단으로 사용하고 있었을까? 가장 먼저 떠올릴 수 있는 것은 쌀과 같은 곡물이었다. 마을 공동체를 넘어, 지역을 건너 거래를 할 경우 화폐가 없는 대신 쌀과 같이 누구나 필요로 하는 현물로 거래가 이뤄졌을 것이다. 주식인 쌀은 중요한 교환수단으로 오랜 기간 동안 역할을 해왔다. 하지만 쌀에도 치명적인 단점이 존재하고 있었다. 일단 무겁고 보관 기간이 짧다는 점이다. 요즘에는 갓 수확한 햅쌀조차 도정 일자를 별도로 표기하여, 소비자들이 쌀의 신선도와 품질을 보다 정확히게 인식할 수 있게 되었다. 그러다 보니 수확 이후 1년을 넘긴 쌀의 가격이 현저하게 떨어져 판매될 수밖에 없다. 수확한 지 1년이 지나면 곡물에 포함된 수분이 줄어들게 되고 그 쌀로 밥을 했을 때, 그 풍미가 첫해에 정미한 쌀보다 떨어지게 된다. 물론 쌀을 수확한 이후 정미를 하지 않는다면 1년 이상 보관이 가능할 수는 있다. 하지만 정미하지 않은 쌀이라도 시간이 지나면 곡물의 수분 함량이 낮아지며 그 품질이 급격하게 떨어진다. 쌀은 또한 습기와 열 등의 조건에도 취약하다. 보관이나 운송 과정에서 비를 맞거나, 바닷길로 이송하며 바닷물에 젖는 부분은 쉽게 변질

될 수가 있었다. 쌀은 자체의 중량도 상당히 무거웠다. 무게가 나가는 쌀을 육로로 운반하기에는 오히려 그 비용이 운반하는 쌀의 양보다 많아질 수 있었다. 따라서 비교적 저렴하게 서울까지 운송하기 위해서는 바닷길을 주로 이용했던 것도 이러한 이유가 컸다. 하삼도 지역에서 서울까지는 뱃길로 보름 정도면 도착할 수 있었다.

민간에서도 쌀을 가지고 교환을 할 수 있을 정도로 모두가 쌀을 귀중하고 꼭 필요한 물품으로 인정하고 있었다. 그러나 쌀이 중요한 것은 모두가 알지만 항상 문제가 되었던 것은 무게였다. 쌀은 모두가 필요로 하고 가장 교환하기 좋은 물품이었지만 한계가 분명했다. 대부분 세금으로 거둔 쌀도 많은 양을 수송하기 위해 육로가 아닌 해로로 수송할 수밖에 없었던 것도 이러한 이유에서였다. 배를 정박시키고 쌀을 싣는 과정도 매우 어려운 작업이었다. 무게가 나가는 만큼 산지 지형이 대부분인 우리나라에서 배가 출발하는 선착장까지 수합하기도 힘들었다. 그러나 주식으로 오랜 기간 동안 선호되었고 한 줌의 쌀로도 교환가치가 충분했으므로 교환수단으로 또는 식량으로 쌀은 백성들이 선택할 수 있는 최선의 수단이었다.

백의의 민족, 그 시작 면포

쌀과 함께 주요한 현물화폐로 쓰였던 것은 면포였다. 고려 말 새로운 종류의 면화가 원나라로부터 들어와 재배에 성공하고 면포의 재배지가 늘어나면서 면포는 의복의 재료로 널리 활용되었다. 인간의 생활에 꼭 필요한 요소로 의식주를 드는데 이 가운데 어느 것이 더 중요한지는 사실 우열을 가리기 힘들다. 그러나 사계절 가운데 겨울이 길고 혹독한 한반도에서 보온을 위한 의류는 생존에 중요한 요소임에 분명했다. 면포의 재료가 되는 면화는 문익점이 원나라로부터 우리나라에 처음 들여왔다고 알려져 있다. 조선시대에 간행한 『고려사高麗史』외 문익점 열전列傳이 목화의 도입에 관한 가장 최초의 기록이다. 다만 일반적으로 알려진 것처럼 문익점이 목화 씨앗을 붓 뚜껑에 몰래 숨겨 들여왔다는 일화가 사실인지는 확인하기 어렵다. 원나라가 목화의 반출을 엄격히 금지했다는 점도 명확하지 않다. 문익점에 관한 최초 기록인 열전에서 확인할 수 없기 때문이다. 물론 문익점이 들어온 목화 덕택에 의생활에 획기적인 변화가 나타난 것은 사실이다.

열전에 명시된 기록에 따르면 문익점이 가지고 온 목화 씨앗은 장인인 정천익鄭天益에게 전해졌고, 그가 지금의 경상남도 산청 지역에서 처음으로 재배에 성공한 것으로 알려져 있다.[2] 그런데 최초의 타이틀을 문익점이 가지고 있긴 하지만 다른 기록을 통해 이미 한반도에 목화가 재배되고 있음을 확인할 수 있다. 기록에 따르면 다년생 면화가 이미 한반도에 존재하고 있었다. 그렇다면 문익점이 가지고 온 목화는 최초로 한반도에 전파된 목화가 아니란 말인가? 결론은 '그렇다'이지만 '아닐 수도 있다'도 답변이 될 수 있다. 좀 더 정확히 하자면 한해살이 면화는 문익점이 가지고 들어온 것이 최초가 맞지만, 다년생 목화는 이미 한반도에 존재하고 있었다. 둘 다 같은 목화가 맞기는 하지만 한해살이와 다년생 목화는 품질에서 큰 차이가 있었던 것으로 보인다. 한해살이 목화가 그 크기도 훨씬 크고 그만큼 보온성을 필요로 하는 옷감을 만드는 데 적합했을 것이다. 따라서 문익점이 가지고 온 한해살이 목화가 재배에 성공한 이후로는 대부분 한해살이 목화가 다년생 목화를 대체하였던 것으로 보인다.

다년생 면화로 만든 직물이 현재 남아 있지 않아 정확히 문익점이 들어온 목화와 품질에서 어떤 차이가 있는지 확인할 수는 없다. 그러나 문익점이 들여온 면화는 한해살이 면화로 이전과 달리 수확량과 목화의 품질에서도 훨씬 뛰어났던 것으로 보인다. 문익점의 목화 이전의 면화는 다년생 목화로 시간이 오래되면 목화가 생산되는 나무에 가깝게 자랐다. 면포를 '목면木棉'으로 다르게 지칭하기도 하는데 '나무'라는 단어가 들어간 것은 다년생 목화가 나무처럼 자랐고, 나무에서 면화를 수확한 이유 때문에 '목면'이라는 칭호가 존재했을 것으로 보인다. 조선 후기 재정 장부에서 면포를 '목木' 한 글자로 줄여 사용하는 것도 같은 이유라고 생각된다. 왜 나무로만 쓰이는 한자를 목화를 지칭하는 데 사용했는지는 바로 이러한 목화의 역사와 관련이 깊다.

그런데 문익점이 도입한 일년생 면화 이전에도 면화가 있었다면 왜 문익점을 기준점으로 목화가 도입되었다고 인식했을까? 역시 현물이 남아 있지 않아 추정에 의존할 수밖에 없지만, 다년생 목화 나무에서 수확한 목화는 직조를 하기에 그 송이가 작고 목화의 품질도 새로 유입된 목화와는 상당히 달랐던 것으로 보인다. 이전의 목화는 나무에서 열리긴 했지만 그 수확량도 매우 적었던 것으로 보인다. 수확량이 적었던 만큼 가격도 비싸 민간에 일년생 면화처럼 널리 퍼지지 못했을 것이다. 그렇다고 새로 유입된 면화가 장점만 있는 것은 아니었다. 여말선초에 도입된 면화는 품질이 뛰어나 의생활에 획기적인 변화가 나타났지만, 문제는 옷감을 만드는 과정까지 손이 많이 가는 점이었다. 우선 한해살이 목화는 허리를 숙여 목화를 수확해야 했다. 그 작업은 매우 고된 노동이었다. 또한 열린 목화의 송이가 컸던 만큼 목화송이 안에서 씨를 빼고 몽글몽글 커진 송이를 부풀려 실로 자아내는 작업에도 그만큼 많은 노동력이 필요했다. 따라서 문익점이 목화에서 씨를 제거하고 실을 만들어내는 기계를 처음 제작했다고 기록되어 있는데, 이를 통해 새로운 도구가 필요할 정도로 이전의 목화와 새로 도입된 목화는 품질에서 차이가 크게 났던 것으로 추정할 수 있다.

훨씬 커진 목화송이를 수확하고 이를 가공하여 옷감으로 만드는 작업은 많은 품이 들어가는 일이었다. 옷감의 제작에 품이 많이 들었던 만큼 원재료인 목화보다 직조된 직물의 가치는 훨씬 높았다.

그림 2

〈제니 방적기〉, 브리태니카 백과사전, Encyclopaedia Britannica, Inc..
(https://www.britannica.com/biography/James-Hargreaves, 2025년 1월 25일 접속)

산업혁명이 영국에서 나타나 증기로 움직이는 기관이 발명되었고 제임스 하그리브스James Hargreaves(1720~1778)는 수작업에 의존해 실을 뽑아내던 방식에서 여덟 개의 방추를 연결하여 한꺼번에 여러 가닥의 실을 뽑을 수 있는 방적기를 만들었다. 이 방적기로 작업을 할 경우 수작업보다 8배 이상의 속도가 났고 면직물의 생산도 획기적으로 늘어났다. 그러나 불행히도 그의 딸 이름에서 유래한 제니 방적기가 발명되기 이전까지 목화를 따고 씨를 제거해 실을 만들어 베틀에서 옷감을 만드는 작업은 너무나 고된 작업의 연속이었다.

노동력이 집약적으로 필요했던 면포는 쌀보다 무게가 가볍고 필수품이었던 옷감으로 활용도가 높았다. 이러한 장점을 바탕으로 면포는 국가의 세금으로도 폭넓게 활용되었다. 따라서 조선시대 관에서는 바다에 인접한 도시에서는 쌀을, 산간에 위치한 고을에는 면포를 세금으로 부과하기도 했다. 그런데 면포의 품질을 정해주지 않으면 전국적으로 올라오는 품질이 서로 달라 혼란도 생길 수 있었다. 품질이 정해지지 않을 경우 이를 악용하는 사람들이 생겼기 때문에 당시 법적으로는 면포의 품질을 5승, 폭은 7촌 길이는 35척으로 지정했다.

우선 옷을 만들기 위해서는 섬유의 촘촘함이 담보되어야 했다. 직물의 촘촘함이 만약 그물과 같이 성글다면 그것으로는 옷으로 만들어 입을 수 없었기 때문이다. 국가에서는 이러한 문제를 해결하고자 직물의 세로줄에 해당하는 날줄의 기준을 정해주었다. 날줄의 단위인 1승은 80가닥이었는데 당시 법정 면포의 기준이 5승포였으므로 세금으로 내기에 적합한 면포의 기준을 맞추려면 400가닥의 날줄이 필요했다. 더불어 35척의 길이도 지정하면서 직물의 촘촘함과 상당 분량의 길이를 확보할 수 있었다. 35척의 길이 이하로 내려갈 경우 옷을 만들어 입을 수 없을 정도의 길이가 확보되지 않았기 때문이다. 이를 미터법으로 환산하면 약 10m 정도로 볼 수 있는데 대략 성인 남성 한 명이 옷을 제작하기 적당한 양의 길이를 확보하기 위해서였다고 볼 수 있다. 흥부가 아이들의 옷을 일일이 만들어 입힐 수가 없어 세로로 긴 면포에 아이들 숫자대로 구멍을 뚫어 머리만 집어넣게 하여 옷을 대신했다고 하는 것은, 일일이 옷을 만들어 입힐 수 있는 면포를 구할 수 없었기 때문에 고안해 낸 흥부의 고육책이었을 것이다. 문익점이 한해살이 면화를 보급하면서 민간에서는 더 풍성한 면화를 생산하게 되었고, 이에 주로 여성들의 노동력이 더해지고 길쌈을 통해 옷감으로 면화를 재탄생시키면서 조선에서는 귀중한 물건이면서 동시에 교환수단으로 사용되는 면포가 등장했다. 의식의 주재료로 쌀과 면포가 현물 화폐로 민간에서 필요에 따라 사용되고 있었다.

2

화폐다운 화폐의 탄생

'화폐다운 화폐'라는 말은 이상하게 들리겠지만 우리에게 화폐 같은 화폐 즉, 동전의 형태를 띤 화폐는 언제부터 만들어 사용하기 시작했을까? 한반도에서 발견된 화폐로는 가장 오래된 명도전明刀錢이 있다. 명도전은 칼과 비슷한 형태로 길쭉한 몸통의 끝에 둥근 구멍이 있는 형태의 화폐였다. 한반도에서 생산된 것은 아니었고 중국의 춘추전국 시대에 사용되었던 화폐가 한반도에 전래되었던 것으로 보인다. 명도전뿐만 아니라 중국의 한무제漢武帝 당시 처음 사용되었던 오수전五銖錢, 왕망전王莽錢과 같은 화폐도 한반도에서 사용되었던 것으로 보이며 주로 무덤에서 부장품으로 발견된 바 있다. 그 사용 범위에 대해서는 명확히 확인할 수 없지만 중국에서부터 전래되어 일부 지역에서 해당 화폐를 활용했던 것 같다. 특히 중국과 인접한 지역에서는 상인들을 비롯한 다양한 인적 교류가 나타났던 사실을 중국 화폐의 등장으로 확인할 수 있다.

그림 3
우리나라에서 출도된 명도전,
국립중앙박물관 소장, e뮤지엄에서 전재

고려시대의 화폐

송나라와의 교역이 확대되면서 중국에서 유입된 다양한 화폐가
북한에서 발견되었다. 일제 강점기 때 고려 고분에서 발견된 화폐
의 대부분이 송나라 동전으로 밝혀졌다. 그만큼 송나라와의 교역
이 활발했었고 송에서도 일시적으로 동전 수출을 허용하여 고려에
많은 양의 동전이 유입되었던 것으로 보인다. 당시 고려에서 최초
로 발행된 화폐는 건원중보乾元重寶였다. 본래 건원중보는 당나라에
서 발행되었던 화폐로 고려에서는 중국의 동전을 모방하여 그대로
주조하였고 고려의 동전인 것을 명시하기 위해 뒷면에 '동국東國'을

그림 4

건원중보의 앞·뒷면, 한국은행 화폐박물관 소장

새겨 넣었다. 재질은 철과 구리 두 가지였는데 996년 처음 만들어 유통하다가 1002년에 유통을 중단하였다. 화폐의 명칭도 중국에서 활용된 그대로 가지고 온 것으로 보아 중국의 영향을 많이 받은 화폐로 볼 수 있다.

고려시대 본격적인 화폐 발행은 대각국사 의천義天(1055~1101)의 제안에서 시작되었다. 의천은 왕실의 자손으로 벽란도를 통해 송나라에 밀항을 하여 다녀왔다. 고려에 돌아와 의천은 당시로서 파격적인 일이었지만 화폐를 유통시키자는 논의를 시작하게 된다. 의천은 이미 송에 건너가 송의 경제와 사회에 대한 다양한 면모를 체험한 바 있었다. 의천의 강력한 화폐 추진책은 숙종 대에 실제 주전으로 이어졌다. 숙종은 화폐를 제작·유통하는 주전관鑄錢官을 설치하여 국가 차원에서 주전을 계획하고 추진하였다. 특히 숙종은 화폐를 제작하는 목적을 아래의 인용문과 같이 명확하게 백성들의 '이익' 때문이라고 밝히고 있다.

숙종이 명하기를 "백성들을 부유하게 하고 나라에 이익을 가져오게 하는 데 있어서 돈보다 중요한 것은 없다.(하략)"

—『고려사』 79, 「식화지」 2. 화폐조

숙종은 이와 같은 인식을 바탕으로 해동통보海東通寶, 해동중보海東重寶를 1102년(숙종 7)에 발행하여 관리들에게 녹봉으로 나눠주고 사용을 촉진하였다. 이후 동국통보東國通寶, 동국중보東國重寶가 예종 대에 주전되었고, 기록에는 확인할 수 없지만 실물이 남아 있는 삼한통보三韓通寶 등이 유통되었던 것으로 확인할 수 있다. 동전의 이름에서 확인할 수 있듯, 중국의 동전을 그대로 모방하던 단계를 넘어 독자적인 동전의 명칭을 정하고 독자적인 유통 체계를 갖추고 있던 것으로 보인다. 이러한 인식의 발전은 예종 대의 기록에서도 확인할 수 있다.

> 예종 7년에 왕이 조서를 내려 이르기를 '전법錢法은 옛 제왕들이 나라를 부강하게 하고 백성들에게 편리하도록 하기 위하여 내온 것이오. 나의 부왕이 재물을 늘리려고 실시한 것은 아니다. (하략)'라고 하였다.
>
> ─『고려사』 79, 「식화지」 2. 화폐조

사료에서 확인할 수 있는 것과 같이, 당시 발행한 화폐의 의미를 백성들에게 '부'를 늘리기 위함이라고 명확하게 밝히고 있다. 고려 시대의 동전은 해동통보, 해동중보, 동국통보, 동국중보, 삼한통보

등 다양하게 명명되어 유통되었던 것으로 보인다. 이는 하나의 동전이 장기간 유통되지 않았고 필요에 따라 동전의 명칭을 바꾸어 유통을 시도했던 결과라고 볼 수 있다.

　정부에서 발행한 화폐 이외에도 고려시대에는 은병과 같은 무게에 따라 가치를 달리하는 칭량 화폐도 유통시켰다. 특히 은을 일정한 모양으로 제작하여 유통하였는데, 병의 모양을 하고 있어 '은병' 혹은 민간에서 '활구濶口'라는 명칭으로 유통되었다. 기록에 따르면 숙종은 은병을 한 근으로 만들되 우리나라의 지형을 본떠 제작했다고 한다. 이 은병은 민간에서 구리를 은과 함께 섞어 제작하는 폐단을 막고자 표인標印을 하여 공신력을 갖추려 시도했다. 하지만 은의 부족과 함께 은이 갖고 있는 가치가 워낙 높아 민간에서는 사용하기 매우 힘든 점을 고려해 잘라서 파편으로 거래할 수 있는 쇄은碎銀도 병행하여 유통시켰다. 그럼에도 불구하고 은이 갖고 있는 희소성과 높은 가격 때문에 은병은 활용에 일정한 한계가 있던 것은 분명했다. 원 간섭기에 유입된 종이로 만든 돈 지폐는 이러한 문제를 어느 정도 해결해 주고 있었다.

　　충렬왕 13년 4월에 시중市中에서 은과 구리를 섞어 주조하는 것鑄을 금하였다. 이때 쇄은으로 화폐를 삼아 사용하였는데, 은과 구리를 섞어 주조하는 일이 있자 이를 금하게 된 것이다. 원나라에서 사신을 보내 황제의 조서로 '지원보초至元寶鈔'와 '중통보초中統寶鈔'를 가지고 와서 통용하게 하였는데 '지원보초' 한 관貫을 '중통보초' 다섯 관에 해당하게 하여 모자母子처럼 주-보조화폐로 쓰게 하였다.

—『고려사』 79, 「식화지」 2, 화폐조

위의 사료에서 보는 것과 같이 은은 가치가 높았고 위조를 할 경우, 그만큼 큰 이득이 되었다. 따라서 민간에서는 이를 위조해 큰 이익을 보려는 시도가 나타났고 관에서는 이를 우려하여 은병에 이어 쇄은을 시중에서 유통 금지시켰다. 하지만 어느 정도 화폐의 활용이 이뤄지고 있던 고려에서 화폐를 아예 금지시키는 것은 불가능했던 것으로 보인다. 쇄은 대신 고려의 조정에서는 지원보초와 중통보초를 사용하기 시작했다. 중통보초는 원의 세조 당시인 1260년 발행한 지폐였다. 하지만 급격히 중통보초의 가치가 하락하자, 원에서는 1287년 발행을 중지시켰다. 이에 대한 대체재로 원 세조는 남송南宋 정벌로 늘어난 재정을 감당하기 위해 새로운 지폐인 지원보초를 발행하여 중통보초를 대체했다. 고려에서는 이 두 가지 지폐가 모두 유입되어 있던 상황에서 지원보초를 주 화폐로 하고 가치가 조금 더 떨어진 중통보초를 보조 화폐로 하여 1:5의 가치로 유통을 시켜 은을 대체하고자 시도했다. 건원중보를 비롯한 동전류 그리고 은, 지폐 등이 활용되었지만, 잦은 교체와 새로운 화폐의 등장은 결국 온전하게 화폐가 안정적으로 유통되지 못했던 점을 보여준다고 할 수 있다.

새로운 시대, 새로운 화폐

1392년 건국한 조선은 화폐의 역사에 있어 새로운 시대를 여는 시기라고 볼 수 있다. 조선 초기부터 중앙집권화를 통해 권력을 강화했고, 성리학적 이념에 따라 향촌까지 하나의 통치구조로 일원화시키려는 작업을 진행했다. 조선에서도 고려시대 동안 유통을 시도했던 경험을 바탕으로 다양한 화폐가 국가 주도로 발행되기 시작했다. 조선에서 최초로 주조된 금속 화폐는 태종 대의 '조선통보朝鮮通寶'였는데, 이 화폐는 이후에도 동일한 명칭으로 재주조되어 유통되었다. 조선 초 이성계로부터 내려오는 정통성을 이어받지 못한 이방원은 부족한 권위에 대한 문제로 골머리를 앓고 있었다. 이에 태종의 가장 시급한 문제는 우선 자신의 정통성을 안정 속에서 확보하는 것이었다. 특히 경제적 안정을 통해 백성들에게 호감을 얻고자 재정 확장을 시도했다. 단순히 권력 다툼이 아닌 민생의 안정을 통해 백성들에게 다가가고자 한 것이다.

이러한 태종 이방원의 의도는 화폐유통으로 이어졌다. 먼저 태종은 양전量田을 실시해 세금의 기반이 되는 토지를 파악하고자 했다. 그런데 욕심이 지나쳤다. 세원이 되는 토지를 일괄적으로 파악한 이후, 보통 해당 토지에 재해를 입어 수확을 못 하는 경우 세금을 면제해 줘야 했다. 하지만 태종은 이를 외면했다. 현실적으로 백성들을 압박하여 세금을 거두는 것이 더 필요했기 때문이다. 세원이 부족해 관원들의 녹봉마저 제대로 주지 못하는 상황에 놓이자, 태종은 재해마저도 인정해 주지 않고 세금을 거두려 한 것이다. 그런데 이러한 무리수도 부족한 재정을 완전히 충족시키지는 못했다. 태종은 화폐를 주조하여 가용할 수 있는 재정을 더 확보하고자 했다. 이에 호조에서는 다음과 같은 상언上言을 올리고 있다.

신 등이 삼가 역대의 전적典籍에 실린 것을 상고해 보니, 삼대三代 이래로 모두 전폐錢幣를 사용하였는데, 회자會子나 혹은 교자交子도 같이 통용하였습니다. 오늘날 국가에서 이미 저화楮貨를 유통하여 이전 왕조에서 사용하던 면포와 같은 화폐를 혁파하였으니, 백성들이 그 이익을 받고 있습니다. 그러나, 사용할 때에 있어서 다하지 못한 것이 있으니, 바라건대, 당唐나라 개원開元 연간의 오수전五銖錢 제도를 따라 조선통보를 주조하여 저화와 겸행하게 하되, 구리 한 냥의 무게로 10전을 주조하고, 1백 전으로 저화 한 장에 상당하게 하여 경내境內에 유통시켜 국용國用에 편리하고 이 나라 백성들을 구제하소서. 그리고 사사로이 주전하는 자

는 사주동전률私鑄銅錢律로 논죄하시고, 이를 고발한 자에게
는 이것으로 상을 주며, 동전을 사용하지 않는 자는 또한 이
법에 따라 시행하소서.

—『태종실록』 권29, 태종 15년(1415) 6월 16일

『태종실록』의 기록에서와 같이 태종은 종이돈 저화楮貨도 유통시
켰고 이를 뒷받침해 주기 위해 동전을 제작했다. 저화와 같은 종이
돈은 필요에 따라 제작해 유통시킬 수 있었지만 문제는 지폐인 저
화는 실제 가치가 낮았기 때문에 시장에서 동전만큼 잘 유통되지
못했다는 데 있었다. 거칠게 이야기하자면 저화는 종이에 불과하고
그 가치는 거의 없는 것인데, 과연 누가 종이에 찍힌 액면가만 보고
거래를 할 것이냐 라는 점이었다. 이에 신하들은 북송北宋 대 통용
되었던 회자會子와 송나라 진종眞宗 때 사천泗川 지방에서 사용하던
교자交子라는 지폐를 사례로 들며 지폐를 발행할 것을 주장하고 있
다. 그리고 지폐 유통을 보완해 줄 조선통보를 발행하자는 의견을
제시하고 있지만 그 성공 여부는 알 수 없는 일이었다. 조선통보는
구리로 만들어졌으므로 어느 정도의 현물 가치는 갖고 있었기 때문
에 물품으로서 유통이 어느 정도는 보장되었다. 물론 당시 저화를
종이로만 만들려고 했던 것은 아니다. 종이만으로는 가치가 너무

떨어지므로 포布를 저화처럼 일정한 규격으로 제작하여 유통시키자는 계획이었다. 그러나 이 모든 것은 결국 재정 보완을 위한 목적이었다. 즉, 실제 가치가 없는 물건을 액면가로 유통시켜 그 차익만큼 재정을 확보하려는 의도였다. 관료들의 급료로 저화를 섞어 주거나 속전贖錢과 같이 필수적으로 납부해야 하는 내역을 저화로 강제하여 어찌 보면 반드시 저화를 쓸 수밖에 없는 상황을 만들었다. 하지만 현실적으로 가뭄이 든다던가 흉년으로 곡식의 가격이 오른다면 당연히 저화보다는 민간에서는 곡물을 훨씬 더 선호하게 되었고 저화는 1403년(태종 3) 이후 시장에서 자취를 감추고 말았다.

어려운 시기에 다시 등장한 동전제작론

화폐유통에 대한 논의와 주전 시도는 세종 대에도 등장했었고 이후에도 간헐적이지만 계속되었다. 본격적으로 다시 주전에 대한 논의가 등장한 것은 양란으로 혼란한 틈 속에서였다. 위기 속에서 화폐에 대한 논의가 다시 고개를 든 것이다. 당시 조선에서는 임진 왜란으로 국토의 대부분을 왜군이 유린하면서 농지의 많은 부분이 사라졌다. 전후 복구를 시도했지만 전근대 사회에서 회복은 단기간에 이뤄질 수 없는 상황이었다. 재정의 보완은 매우 제한적이었고 부족한 부분을 채울 무언가가 필요한 상황이었다. 또한 후금의 등장으로 북쪽 국경에서의 문제가 지속되고 있는 상황에서 군비도 축소할 수 없었다.

이러한 어려운 상황에서 조선의 16대 왕 인조는 1623년 반정을 통해 광해군을 몰아내고 왕위에 올랐다. 인조는 왕으로 갖춰야 할 명분을 앞세워 광해군을 몰아내며 왕위에 올랐으니, 그에 상응하는 무언가를 백성들에게 혹은 신하들에게도 보여줘야 하는 상황이었다. 하지만 인조가 왕위에 오른 것까지는 좋았으나 위기가 바로 찾아왔다. 반정 직후 공신 책봉에 불만을 느낀 이괄이 반역을 일으켜 인조가 피난을 가는 어려운 상황을 맞게 된 것이다. 이후 인조는 반정으로 장악한 권력에 대한 불안에 시달렸다. 무슨 길로 가더라도 안정을 꾀하는 것이 인조의 목표였다.

인조가 시행한 주요한 왕권 안정책 가운데 하나는 주전책이었다. 1626년 인조는 후금의 성장으로 대내외적으로 어수선한 상황에서 당시 호조판서 김신국金藎國(1572~1657)이 건의한 화폐 발행을 허가했다. 왕위도 불안한데 대규모 예산이 드는 주전 사업이 웬말인가 싶지만 인조는 주전 사업을 통해 동전을 발행하는 것이 왕권의 안정의 중요한 방법으로 생각했었던 것 같다. 더구나 백성들에게 화폐는 이제 너무나 낯선 존재처럼 되어 버린 상황이었다.

신들은 이어 생각하건대, 우리나라에서 전화錢貨의 사용을 폐지한 지가 2백여 년이나 되었기 때문에, 어리석은 백성들이 돈이 뭐 하는 물건이며 어떻게 사용하는지를 모른 나머지 입지도 먹지도 못하는 물건으로 여겨, 가까이하려는 마음이 없는 상태입니다. 그리고 처음 사용할 때에는 통화량이 많지 않으므로 집이나 토지, 소나 말을 매매하는 데에 충분히 사용할 수 있게 하지 못할 것입니다. 그러면 우선 돈으로 술이나 음식을 먹을 수 있는 법을 제정하여, 주리고 목마른 자가 1전錢만 가지고 시장에 들어가면 곧바로 취하고

배부를 수 있게 되는 이익을 알도록 해야 합니다. 그런 뒤에
야 사람들이 모두 즐겨 따르면서 돈을 사용하는 묘리를 비
로소 알게 될 것입니다.

−『인조실록』 권13, 인조 4년(1626) 윤 6월 18일

조선 초 태종 대에 저화가 유통된 이후 백성들에게는 저화란 존
재는 잊혀진 것처럼 되어버렸으니, 이를 유통하기 위해서는 화폐
를 쉽게 사용할 수 있는 시범마저 보여야 한다고 언급할 정도였다.

시간순으로 정리해 보자면, 인조는 1623년에 왕위에 오르고
1624년에 이괄의 난을 겪었고 1625년 인경궁에 주전청을 설치하고
주전 사업에 착수한 것이다. 이괄의 난으로 또 있을지 모르는 반란
걱정에 군사의 훈련을 위한 최소한의 이동마저도 엄격히 금지시킬
정도로 인조가 인식한 당시 국내의 상황은 엄중했다. 더구나 백성
들이 화폐를 사용하는 데 익숙하거나 혹은 화폐를 만들어 달라는
요구도 없었다. 오히려 화폐가 만들어진다고 해도 유통을 걱정해
야 하는 단계였다.

하지만 인조는 이러한 상황에서 주전을 실시했으니, 당시의 주
전은 단순히 백성들에게 교환수단으로 돈을 공급해 주자는 시혜의
차원은 아니지 않았을까? 그러나 인조의 결단에도 불구하고 국가

의 큰 장례와 중국 사신의 방문 등의 일이 겹치며 주전을 위한 기반 구축에 실패하고 말았다. 인조반정과 계속된 대외적인 위협 속에 주전 된 동전은 운명을 다해가고 있었다.

1633년, 또 한 번의 주전 시도

1627년, 정묘호란의 전운이 아직 가시기도 전이고 후금의 위협이 아직 지속되던 시기, 인조는 또 다른 주전을 계획하였다. 역시나 정묘호란을 겪으며 무언가 혼란스럽고 아직 국가의 재정도 넉넉지 않은 시기였는데 동전을 만들겠다고 호조에서 계啟를 올리고 있다. 동전이라는 것을 단순하게 교환수단으로만 생각한다면 도저히 이해가 되지 않는 상황이다. 정묘호란으로 후금의 경제적 수탈도 지속되고 있었다. 더구나 전란으로 농지는 피폐해진 상황이 명확하였고 재정은 바닥나고 있었다. 이미 조선통보를 제작해 유통에 실패한 경험이 있었다. 그러나 호조에서는 다른 선택지는 없는 듯 다시 조선통보라는 동전을 만들기로 결정했다.

> 또 신들이 만력통보萬曆通寶와 조선통보를 가져다 살펴보니, 만력통보는 무게가 한 돈 너 푼인데 조선통보는 그 부피가 너무 작습니다. 그러니 만력통보의 모양새를 따라 조선통보를 만들되 팔분체八分體의 글자로 바꾸어서 새 돈과 헌돈을 구분하게 하소서.
>
> ─『인조실록』 권28, 인조 11년(1633) 11월 4일

당시 조정에서는 조선통보라는 화폐는 이미 제작한 적이 있었으니, 중국에서 통용이 확인된 만력통보萬曆通寶를 본떠 제작한다면 통용이 어느 정도 가능하다고 생각했던 것으로 보인다. 아마도 임진왜란을 통해 은과 만력통보와 같은 화폐가 일부 한반도에 유입되었던 것을 보았던 것 같다. 통용이 잘 안 되었던 이전의 조선통보와 구분을 위해 만력통보와 유사한 모양으로 제작하고 '팔분체'라는 글씨체로 조선통보를 새겨 넣은 동전을 만들어 유통시키고자 했다. 서울의 시장에서는 동전만 사용하도록 강제하는 등 유통을 담보하여 많은 수량의 동전을 제작하려 했지만 이마저도 병자호란의 발발로 중지될 수밖에 없었다. 그러나 전란으로 어려운 상황 속에서도 주전 계획은 또 등장했다. 일단 당시 관에서는 동전은 만들면 그 액수만큼 사용처가 늘어나는 가시적인 효과가 나타나는 것으로 생각했던 것 같다. 재원을 마련하기 힘든 정부로서 주전을 통해 가능한 많은 액수를 제작할 수 있다면 그만큼 재정이 한시적이나마 늘어나는 효과를 볼 수 있었기 때문일 것이다. 물론 원활한 유통이 전제되어야 했다. 하지만 긴급한 상황에서 원활한 유통을 확신하고 주전을 할 수 없었으므로 정부로서는 일단 저지르고 보자는 심정도 있었을 것이다.

재원이 필요할 때 주전론은 매번 등장하고 있다. 이번에는 청나라로부터 받은 치욕을 되갚기 위해 북벌론北伐論이 등장했다. 이 북벌론 역시 막대한 군사비가 보충되어야 유지가 가능한 정책이었다. 현실적으로 청나라를 대적하는 것은 전쟁 이후 방어체계가 초토화된 이후 더욱더 불가능해졌지만 내부 정치적 논리에 따라 북벌은 지속되어야 했다. 이 시기에도 역시 주전론이 등장하였지만 현실적으로 원료를 공급하고 지속적으로 통화를 제작할 수 있는 여건이 만들어지지 못한 것은 명백했다. 중국의 동전을 수입해 유통하려는 시도까지 나타나고 있었지만 이마저도 여의치 않았다. 전쟁과 그에 따른 피해, 백성들은 살길을 찾아야 하는 상황, 정부에서는 무엇이라도 해야 했다. 단순히 막대한 피해로 설명하기엔 현실은 더욱 가혹했을 것이다. 나라가 있다면 무엇이라도 해야 하는 상황! 국가에서는 위정자들이 화폐를 떠올린 것은 우연은 아니었을 것이다.

3

상평통보의 등장

상평통보의 겉모습

인조 대의 일시적인 주전 상황은 지속되지 못했지만 숙종 대에 들어 동전을 만들어 활용하자는 논의는 계속되었다. 대동법大同法을 실시하는 데 큰 공헌을 세운 김육金堉(1580~1658)은 동전 하나로 열 배의 가치를 낼 수 있는 십전통보十錢通寶를 유통하려 계획을 세웠다. 그러나 이 역시 원료의 수급과 제반 조건이 우호적이지 않으면서 실행되지는 못했다. 정부로서는 동전 한 닢으로 열 배의 효과를 내는 십전통보가 유통된다면 적은 비용으로 큰 효과를 볼 수 있었을 것이다. 하지만 십전통보는 기록에서도 찾아보기 힘들 정도로 유통되지 못했고 의도했던 효과를 보지 못했던 것으로 보인다.

조선에서는 이마저도 실패하자 필요한 동전을 청에서 수입해 들

그림 5

십전통보, 한국은행 화폐박물관 소장

동전의 앞면에는 동전의 가치에 해당하는 '십전
十錢'이 새겨져 있다.

여와 유통시키려 시도했다. 동전을 수입까지 하면서 유통시키려 한 것으로 볼 때 당시 관에서 화폐는 절실하게 필요한 것으로 보인다. 하지만 자국에서도 필요한 동전이 모자라는 중국에서는 법으로 화폐가 국경 밖으로 나가는 것을 금지하며 거절 의사를 분명히 했다. 지금까지의 상황만 보아도 동전과 같은 화폐의 필요성은 민간에서 비롯되기보다 정부의 주도로 등장했다. 그리고 재정적인 어려움이 극한에 치닫던 시기에도 지속적으로 등장하고 있었다. 지속적으로 동전을 유통시키려는 노력과 별개로 왜 동전 유통은 실패를 거듭하고 있었을까? 그 문제는 다시 살펴보기로 하고 상평통보의 등장을 알릴 때가 왔다.

양란이 끝나고 어느 정도 안정을 찾아가던 시기, 조정에서는 또 동전을 유통시키려는 움직임이 나타났다. 앞선 왕조에서는 지속적으로 동전 제작과 유통을 시도했지만 결과가 좋지 않았다. 하지만 이번에 제작하고 유통시킨 동전은 왕조의 끝까지 유지되었고 표면적으로 보자면 유통에 성공적이었다. 약 300년 동안 조선의 공식 화폐였던 상평통보는 1678년(숙종 4)에 처음 만들기 시작했다. 이후 일제와 서구 열강이 들어오면서 신식화폐장정으로 은화와 상평통보를 병용하고 일제의 재정개혁으로 시장에서 사라지기까지 상평통보는 조선 정부의 공식 화폐였다. 우선 상평통보의 외형은 이전에 유통되었던 동전과 거의 유사했다. 원형의 외형에 둥근 동전의 가운데를 정사각형으로 구멍을 만들어 놓은 것이다. 중국에서 이미 통용되던 동전과 모양이 동일했으며 고려조에서부터 만들어진 화폐와 거의 같은 모양이었다. 가운데에 사각형으로 뚫린 구멍은 다량의 상평통보를 새끼줄에 꿰어 휴대하기 편하도록 해주었다. 상평통보는 앞과 뒤로 구분되어 있는데, 앞면에는 '상평통보常平通寶'라는 네 글자가 새겨져 있다. 그 뜻은 '항상 (물가를) 일정하게 (만들기 위해) 통용되는 보물'이라는 의미가 있다.

동전의 앞면, 상징을 넣다

동양에서뿐만 아니라 서양에서도 둥근 외형의 동전 형태의 주화는 로마 시대부터 유통되었다. 물론 재질이 같은 것은 아니었다. 로마에서는 구리 대신 은화가 유통되었다. 주화의 재료 외에 로마에서 유통된 은화와 동아시아에서 유통되었던 화폐의 외형상 가장 큰 차이는 표면의 문양이었다. 먼저 가운데 구멍이 뚫려 있던 동양의 화폐와 달리, 서양의 은화는 둥근 모양의 중심부를 초상이나 문양 등을 넣어 활용하고 있었다. 즉, 황제의 얼굴을 화폐의 가운데에 새겨 넣고 있었다. 이는 동전의 발행 목적과도 깊은 관련이 있다. 당시 로마에서는 지속적인 정복 전쟁을 수행하고 있었다. 전쟁이 없는데도 군대를 유지하는 것은 그 자체가 어마어마한 예산을 필요로 하는데 전쟁을 수행한다는 것은 또 다른 차원의 재정적 도움이 필요한 일이었다. 무기를 지속적으로 공급해야 하고 군사들을 먹이고 운송하는 비용까지 그 비용은 국가를 들썩이게 할 정도였다. 로마에서도 전쟁을 치르는 것은 막대한 비용과의 전쟁을 한 번 더 겪는 것과도 같았다. 전쟁을 지속하면서 로마는 이를 뒷받침할 재원이 필요했다. 그 수단이 바로 은화였다. 특히 정복을 위해 대규모 군대가 이동을 해야 했고 군량 및 휴대해야 할 것들을 줄이기 위해서는

현지에서 물자를 취득하는 작전이 필요했다. 그러기 위해 백성들이 믿고 현물과 맞바꿔줄 무언가가 필요했고 그 필요에 따라 은화는 만들어졌다.

특히 대규모 군사를 먹일 식량은 무거우면서도 반드시 필요한 것이었다. 따라서 로마군은 효율적인 군대 운영을 위해 군사들이 군량을 휴대하지 않았고 현지에서 구매하는 방식을 채택했다. 그러나 군대에 필요한 물자를 적절하게 교환하기 위해서는 교환수단으로 선택한 주화에 대한 농민들의 신뢰가 뒷받침되어야 했다. 물론 은화는 원료인 은이라는 금속 자체가 갖는 가치가 높았다. 하지만 전쟁 상황에서 먹을 것이 가장 중요했고 비록 은이라는 귀금속도 그 가치가 특수한 상황에서 퇴색될 수밖에 없었다. 이에 로마에서는 주화에 황제의 얼굴을 새겨 넣고 전쟁 후에 아니면 곧 그 가치에 해

당하는 현물을 되돌려 준다는 약속을 하고 싶었다. 반드시 돌려줄
테니, 굶어 죽지 않게 해줄 테니 지금 당장 식량을 내놓으라는 강력
한 메시지가 필요했다. 그 메시지는 황제의 얼굴이었다. 요즘 화폐
에 보이는 것과 같이 자국을 빛낸 혹은 자국에서 가장 추앙받는 위
인의 초상을 새겨 넣는 의미와는 사뭇 다른 비장함이 들어가 있는
것이라고 볼 수 있다.

조선을 포함한 동북아에서도 왕의 얼굴이나 왕과 관계된 심지어
글자마저도 문서에서 사용하는 것을 극도로 회피하고 있었는데 로
마에서도 이러한 관습은 크게 다르지 않았을 것이다. 당시 로마제
국의 황제는 확장한 영토에 끼치는 영향력만큼이나 막강한 권력의
소유자였다. 민간인은 평생 얼굴을 본 적조차 없을 황제의 얼굴을
은화의 앞면에 넣는다는 것은 만드는 쪽이나 사용하는 쪽 모두 큰

부담이었을 것이다. 하지만 비록 평민들은 확인할 수 없는 황제의 얼굴이었지만 은화에 새겨진 황제라는 사람의 얼굴은 백성들에게 믿음을 줄 수 있었을 것이다. 이러한 믿음은 백성들의 창고에서 곡식을 군대에게 내어주는 보증수표 역할을 했다.

로마와 같이 중국에서 발행한 동전도 마찬가지 이유로 황제의 권위를 빌리고 있다. 물론 얼굴을 직접 새겨 넣는 것과는 다른 방식이었다. 그러나 중국에서도 동전을 현물 대신 유통시키기 위해서는 언제라도 동전에 찍힌 액면가대로 물건을 교환할 수 있다는 신뢰를 확보할 수 있어야 했다. 그래야만 사람들이 안심하고 자신의 귀중품을 화폐와 교환할 수 있었을 것이다. 고대부터 동전이 활발하게 유통되었던 중국에서는 17세기 청나라 시기에도 황제의 권위를 바탕으로 동전의 가치를 보장하고자 했다. 화폐의 권위를 유지하기 위한 방식으로, 중국 역시 최고 권위자의 그림자를 선택했다.

하지만 구체적인 방법에서는 로마와 달랐다. 로마처럼 황제의 얼굴을 그려 넣은 것이 아니라 동전의 앞면에 두 글자인 연호를 새겨 넣어 황제가 보증하고 있다는 표식을 보여주었다. 연호는 황제가 자신이 즉위하기 시작한 시기의 시작을 알리는 고유 용어였다. 자신이 세상의 중심이니 그때를 기준으로 새로운 시대로 구분하는 하나의 방식이었다. 예를 들어 명나라 황제 가운데 조선을 돕기 위해

임진왜란 당시 원군을 파견했던 신종新宗(1572~1620)의 경우 '만력萬曆'을 연호로 사용했다. 연호는 제후국에서는 마음대로 쓸 수 없는 황제만이 쓸 수 있는 특권이었다. 교과서에서 발해나 고려가 '독자적' 연호를 쓰기 시작한 것을 '자주적'이라고 표현한 것은 중국의 연호를 따라 쓴 것이 아니라, 말 그대로 별도의 연호를 써 황제국 혹은 중국으로부터의 독립국임을 표시한 것이기 때문이다. 황제의 시간이 아닌 우리식 시간을 정해 쓰고 있었으므로 독자적이라는 평가가 나올 수 있었던 것이다. 그만큼 연호 자체만으로 권위를 상징하고 연호는 단순한 단어가 아니라 황제의 권위를 대신하는 상징이었다. 조선에서도 고종 황제가 황제국을 선포한 1897년에나 우리는 연호를 썼으니 연호가 갖는 무게감을 짐작할 수 있다. 따라서 황제의 연호가 새겨져 있는 동전의 가치는 사람들에게 황제의 권위로 인식되었던 것이다. 황제가 죽고 새로운 황제가 즉위하게 되면 어떻게 될까? 물론 새로운 연호를 사용했다. 그렇다면 새로운 연호가 적힌 동전과 이전 황제의 연호가 적힌 동전은 어떻게 될까? 화폐 자체의 가치가 왕조가 변한다고 해서 가치도 영향을 받는 것은 아님에도 불구하고 새로운 연호가 적힌 화폐를 사람들이 선호하는 현상이 나타났다. 새로 만들어진 동전에 새 황제의 연호가 적혀있었고 그것이 더 확실한 보증을 의미해서 그러한 현상이 나타난 것인지는 확실하지 않다. 하지만 이전 왕조의 화폐보다 새 황제의 화폐를 더 많이 찾게 되었고 그 결과 화폐의 가격은 구화폐보다 올라가고 백성들 사이에 새 화폐를 선호하는 현상이 존재했다.

책임자 확인: 뒷면 글자의 의미

　중국처럼 연호를 쓸 수 없었던 조선은 무엇을 통해 정통성을 보이고 무게감을 살려 환금성을 보장받았을까? 우선 품질을 보증하고자 관에서 노력했다. 양질의 통화는 관민 모두 선호하고 있었다. 보통 통화 유통의 일반적인 법칙으로 '그레샴의 법칙Gresham's Law'이 널리 알려져 있다. 하지만 그레샴의 법칙은 전근대의 경우 적용되지 않았고 오히려 그 반대의 경우가 나타나고 있었다. 그레샴의 법칙은 우리에게 '악화惡貨가 양화良貨를 구축한다.'라는 의미로 잘 알려져 있는데, 시장에 좋지 않은 품질의 화폐가 유통된다면 좋은 품질 혹은 규격을 갖춘 품질의 동전은 시장에서 사라진다는 의미이다. 이는 동전의 제작비용과도 관계가 있다. 보통 악화는 성분이나 제작 과정에서 고의로 혹은 실수로 정품의 품질을 갖추지 못한 채 제작된 화폐를 말한다. 이러한 악화는 제작하는데 아무래도 비용이 적게 들어가는 과정을 채택하면서 만들어진 경우가 많았다. 특히 고의로 악화를 다수 제작하는 것은 양화를 제작하는 것보다 훨씬 비용면에서 경제적일 수밖에 없었다. 따라서 그레샴의 법칙은 다음과 같은 악순환을 의미한다. 제작자들이 악화가 유통되는 것을 확인하면 악화 제작을 통해 이득을 극대화하려 하고, 이에 따라 악화의 공급이 증가하면서 시장에서 양화는 점차 사라지게 된다. 하지만 이러한 그레샴의 법칙은 전근대 구체적으로 상평통보가 유통되던 조선 후기에는 실제로 적용되지 않고 있다. 당시 조선에서는 동전을 하나의 상품으로 여겼는지 상평통보로 거래할 때에 양질의 동전을 가려 받았고 동전이 규격에 못 미치거나 겉모양에서 부족함이 있을 경우 거래를 거부하기도 했다. 특히 세금으로 동전을 납부할 경우 동전이 규격에 맞지 않고 특히 무게가 덜 나가는 경우 거부되기 일쑤였다. 관서에서 동전을 수납하지 않고 거부되는 화폐가 민간에서 사용될 리는 만무했다. 언제라도 동전은 세납으로 사용될수 있었는데 관서에서 거부되었다는 딱지가 붙어 있다면 민간에서도 시용을 거부했다. 동전의 품질을 좌우하는 요건은 여러 가지가 있지만 권위의 상징은 곧 동전의 가치와 직결되었다. 권위자와 관련된 힌트는 그래서 전근대 시기 화폐에 꼭 필요한 요소였다.

그림 8
상평통보의 앞면,
한국학중앙연구원 소장, 한국민족문화대백과사전에서 전재

최고 권력자의 상징을 화폐의 앞면에 새겨 넣었던 고대 로마와 중국의 경우와 달리 조선에서는 다른 선택을 했다. 조선에서 선택한 것은 권력의 상징이 아닌 '상평常平'이라는 두 글자였다. 앞서 설명한 바와 같이 '상평'이라는 단어는 물가를 포함한 무언가를 일정하게 유지하고자 하는 염원을 담은 단어라고 할 수 있다. 보장성을 담보하는 무언가가 아닌 동전을 통해 원하는 목표가 무엇인지 그 지향점을 새겨 놓은 것이다. 마치 좌우명이나 가훈을 걸어 되뇌이는 것과 같이 매번 동전을 사용할 때마다 사람들에게 동전을 만든 목적을 각인시키려는 것인지도 모르겠다. 하지만 조선에서 발행한 상평통보는 앞서 언급했던 화폐와 다른 약점이 있었다. 단순한 금속 조각에 불과한 물건을 사람들이 어떻게 믿고 사용할 수 있느냐는 문제였다. 구리가 본래 가치를 지니고 있기는 했지만, 식량처럼 즉각적인 사용성이 보장된 것은 아니었다.

조선이 택한 방식은 '조정을 믿으라!'였다. 물론 실제 이렇게 말을 하지는 않았다. 매번 바뀌지만 그 당시에는 절대권력을 가지고 있는 황제나 권력자의 권위에 의존하지 않고 요즘으로 치면 국가를 권력의 집합체로 놓고 그 권위에 의존하려고 했다. 오히려 특정 권력자 개인이 아닌 국가 권력 전체에 의존할 수 있도록 제도를 마련했다. 말이 거창하지만 해당 관서의 명칭을 줄여 동전에 각인함으로써 관서를 신뢰의 근거로 삼았다. 중국은 황제를 걸어 유통을 보증했는데 기껏해야 물가를 주관하는 관서의 명칭을 동전의 앞면에 새겨 넣어 신뢰를 구축하려 했다니 황제가 들으면 어이가 없었을 테지만, 조선은 국왕을 표면에 내세우지 않았다. 왕의 권위가 약한 것일 수도 혹은 상평청이라는 관서명만으로도 충분했다고 판단했을 수 있다. 결과론적인 이야기이지만 17세기 말 유통된 상평통보는 최고의 권위를 빌리지 않고 제작되어 시장에서 퇴출되지 않고 조선의 멸망과 그 운명을 같이 했다.

전국에서 생산된 상평통보

앞에서 언급한 것과 같이 상평통보의 뒷면에는 앞면과 다른 글자를 새겨 넣었다. 상평통보의 뒷면에는 주전한 장소의 약칭 및 숫자나 부호 등을 넣어 상평통보의 종류와 모양, 그리고 가치를 표기해 주었다. 물론 후면에 아무런 표기도 되어있지 않은 '무배자전無背字錢'도 있었다.

동전 뒷면에 가장 흔하게 나타나는 표기는 화폐의 액면 가치를 나타내는 것이었다. 동전의 가치는 숫자로 그 내역을 표기했다. 숫자로 '일一', '이二', '오五', '백百'으로 상평통보의 가치를 단번에 알아볼 수 있도록 했다. 동전의 가치는 시기에 따라 조금씩 변했는데 그 가치만큼은 아니더라도 무게를 약간씩 무겁게 하여 가치를 올리기도 했다. 하지만 동전의 무게만으로는 전문적인 상인들이 아닌 다음에야 동전의 가치를 바로 확인할 수 없었기 때문에 동전의 뒷면에 가치를 나타내는 글자를 새겨 넣었다.

다음으로 동전을 제작한 관서의 명칭을 약칭으로 한두 글자씩 새겨넣었다. 예를 들어 지방의 감영에서는 동전을 제작하였다면 충청도의 경우 '충忠', 전라감영의 경우 '전全'을 사용해 해당 지역에서 동전이 만들어진 사실을 확인할 수 있도록 했다. 동전은 관서에서만 만들어진 것은 아니다. 임진왜란 이후 서울의 방어를 위해 창설되었던 군대인 훈련도감에서도 동전을 제작했다. 훈련도감은 역시나 한 글자만으로도 알아볼 수 있도록 관서의 앞 글자 '훈訓'을 넣어 훈련도감에서 제작한 사실을 확인시켜 주고 있다. 두 글자를 새겨 넣기도 했다. 각 지방에 병영이나 감영, 그 하부조직을 다시 좌와 우로 나누는 경우 경상도나 전라도를 상징하는 '경慶'이나 '전全' 한 글자로 표기하는 것은 혼동을 줄 수 있었기 때문이다. 경상수영의 경우 '상수尙水', 전라좌영의 경우 '전좌全左' 두 글자를 새겨 넣었다. 상평통보를 만든 관서를 새겨 넣어 혹시나 생겼을 불량품의 A/S 장소를 명시하는 효과가 있었을 것이다. 또한 담당 관서를 새겨 넣었으니 제작 당시부터 조심에 조심을 했을 것은 분명했다. 전국적으로 생산된 화폐는 해당 지역에서 서울로 올려보내는 경우도 있었지만 그 지역에서 활용될 동전을 만드는 것이기도 했다. 동전 자체의 무게도 상당했기 때문에 제작하여 전국으로 배분하는 것도 사실 일에 가까웠다.

'얼마'를 나타내는 방법: 단위 체계

아주 오래전 드라마이지만 한류의 원류로 평가받는 '대장금'이라는 드라마가 있었다. 장금이는 조선 중종 대의 인물로 실록에 이름이 기록이 되어있다. 하지만 드라마에서는 픽션이 대부분 가미되어조선 중기 장금이의 활약상을 잘 그려내고 있다. 물론 드라마의 구체적인 내용은 실제 역사적 사실과 많은 차이가 있다. 드라마의 회차는 기억이 나지 않지만 장금이가 장터에서 물건을 구입하며 동전 두어 개를 던지듯 상인에게 건네며 물건 값을 치르는 장면이 있었다. 우선 이 장면에서 지적할 수 있는 오류는 16세기에 동전이 만들어 사용되지도 않아 시대적 배경이 맞지 않는다는 점이다. 또한실제 물건 값은 '몇 냥'으로 호가하는 상인과 달리 장금이는 동전 몇 닢만을 건네고 있어 동전의 단위도 당시와 맞지 않게 사용하고 있다. 대표적으로 대장금의 사례를 들었지만 대부분 조선시대 사극을보면 동전 몇 냥은 그냥 가볍게 한 두 개의 동전으로 묘사하는 경우가 많이 있다.

단위 문제와 관련해 '한 푼'의 사례를 더 들어보자. 사극을 넘어근현대를 다룬 드라마에는 거지들이 부르는 각설이 타령에서 항상'한 푼 줍쇼'를 외치고 돈이나 혹은 음식물을 구걸하기도 한다. '한 푼'의 '푼'을 사용하던 시기도 아니었는데도 구걸을 하기 위해서는 꼭 '한 푼'을 외치곤 한다. 가장 작은 단위의 아주 조금의 돈을 달라는 의미이지만 원래 '한 푼'의 유래가 따로 있다.

그렇다면 도대체 한 냥과 한 푼의 동전은 몇 개의 동전을 말하는 것인가? 한 냥의 물건을 장금이가 사고자 한다면 동전 몇 개를 건네야 사극에서 역사적 근거에 맞게 묘사한 것일까? 한 냥의 동전이니 한 개의 동전을 건네는 것이 맞는지, 아니면 한 냥은 10전錢 혹은 100문文에 해당하므로 100문 즉 100개의 동전을 건네는 것이 맞는지 의문이 든다. 한 냥이 한 개의 동전이면 한 푼은 하나의 동전을 어떻게 나눈 것일까? 그러면 예를 들어 18세기 후반 상평통보가 유통되기 시작한 이후 상터에서 국밥 한 그릇과 탁주 한 사발을 들이킨 장돌뱅이는 두 냥을 내라는 주모의 말에 몇 개의 상평통보를 내야 맞는 것일까? 정답은 무엇일까?

정답은 '그때그때 달랐다'이다. 해답을 말하기 위해 우선 상평통보의 양을 나타내는 단위부터 살펴볼 필요가 있다. 동전을 측정하는 단위는 '냥兩－전錢－분分' 순으로 내려온다. 마지막 단위인 '분'은 '푼'으로도 혹은 '문文'으로도 쓰인다. '한 푼 줍쇼'하는 거지들의 대표적인 구걸 요청은 실제 상평통보의 개수로 말하자면 한 개의 상평통보도 되지 않는 양이다. 따라서 한 푼 달라는 거지의 구걸은 실제 상평통보 몇 개를 달라는 구체적인 액수라기보다 조금이라도 적선을 해달라는 애절함의 표현이었을 것이다. 상평통보의 가장 낮은 단위인 '푼'은 '문'과도 통용되었다. 동전의 '1문'은 동전의 한 개라는 의미로도 간주되었는데 그러다 보니 동전 1냥을 십진법의 계산에 따르면 100푼 혹은 100문으로도 표기할 수 있었다. 그러나 위의 셈법을 따르자면 1냥의 상평통보는 100개의 상평통보를 의미한다고도 볼 수 있다. 그렇다면 장돌뱅이들의 국밥과 한 사발의 탁주가 두어 냥만 되더라도 200개 이상의 상평통보를 지니고 다녀야 한다는 것인데 상식적으로 이해가 되지 않는다. 개수를 세는 단위로 활용은 되었지만 실제로 푼이 하나의 동전을 나타내기 위해서는 새털과 같이 가벼워야 가능한 일이었다.

본래 동전의 단위로 쓰이는 '냥, 전, 푼'은 무게를 나타내는 단위였다. '한 냥'을 현대의 무게 단위로 환산하면 37.5g에 해당한다. 전과 푼은 각각 한 냥에서 1/10의 무게로 감해지게 된다. 상평통보에 한정하더라도 동전의 크기와 무게도 상평통보를 처음 발행하던 시기부터 동일하게 유지되지는 않았다. 1679년 당시 2전 5푼의 상평통보 한 닢의 무게로 가정해 본다면 동전은 네 닢의 무게만으로도 1냥 무게의 동전이 되었다. 1냥의 상평통보는 무게의 단위로 보자면 100푼이 된다. 반면 동전 한 닢의 무게가 1전이라면 1냥의 동전은 열 닢이 된다. 앞에서도 언급했지만 무게가 무거운 것은 뒷면에 숫자로 '이二'와 같이 표기하여 '당이전當二錢'이라고 불렀다. 조선왕조실록과 같은 연대기 자료에서 상평통보의 무게 변화가 있었던 내역은 확인할 수 있다. 하지만 무게가 다른 동전이 출시되면서 이전에 제작된 동전이 시장에서 사라졌다는 언급은 현재로서는 확인되지 않는다. 즉, 시장에서 상평통보는 무게가 다른 다양한 종류의 화폐로 유통되었을 가능성이 높다. 무게가 가볍다고 이전 동전을 녹여 주전하기에는 제작 과정에서 들어가는 비용이 상당했기 때문이다. 실제 상평통보의 무게는 조금 과장을 더하자면 시시각각 변하고 있었다. 영조 대 간행된『속대전續大典』「호전戶典」의 규정을 들어보자.『속대전』에서는 상평통보 한 개의 무게를 '2전 5푼'으로 규정하였다. 하지만 1742년(영조 18)에는 2전, 1752년(영조 28) 1전 7푼, 1767년(영조 33) 1전 2푼으로 그 무게가 가벼워지는 경향이 나타나고 있다.[3] 무게로 따진다면 2전 5푼, 약 9.4g이었던 것에 비해 점차 크기가 줄어들면서 '1전 중' 즉 3.75g의 동전이 제작되어 유통되었다. 그런데 '냥'이라는 단위는 상평통보를 세는 단위로도 활용되었다. 상평통보는 원형 모양에 사각형 모양이 뚫려 있는 동전으로 무게로도 수량을 표기할 수도 있었다. 그러다 보니 일정한 무게의 상평통보는 개수와 동시에 무게로도 그 수효를 표

기할 수 있었던 것이다. 상평통보를 개수로 표기하기 위한 단위도
생겨났다. 그것은 '전錢'과 '문文'인데, 동전 한 개는 문으로 지칭하
기도 했다.

4

구리로 만든 최고의 상품,

상평통보

무엇을 넣을 것인가?

상평통보는 흔히 '동전銅錢'이라고 부른다. 동전이라는 말에는 '구리로 만든 화폐'라는 1차적인 의미가 담겨있다. 동전의 주재료가 구리였던 사실에 기반하여 화폐의 명칭이 유래한 것이다. 물론 구리로 만들어진 주화만 동전이라고 불리지는 않았다. 주화 형태의 화폐를 지금은 모두 동전이라고 부르고 있다. 지금은 시장에서 사라져 버렸지만 아직 수집가들에게 거래되는 1원짜리 동전은 구리가 아닌 알루미늄으로 만들어졌지만 동전이라고 부르는 것은 이와 같은 맥락에서일 것이다. 그러나 전근대의 경우 보통 동전이라는 의미는 구리로 만든 화폐의 보통명사로 동북아시아 역사에서 공통적으로 쓰여졌다. 그럼 정말로 당시에 만들어진 화폐는 구리로만 만들어진 것일까? 구리 외의 다른 금속은 어느 정도 들어가 있는 것일까?

구리는 현대 문명사회에서도 반드시 필요한 자원 가운데 하나이다. 전근대 아주 오래전부터 구리는 그 자체로 사용이 되었고 주석을 구리와 합금하여 이전보다 훨씬 높은 활용성을 가진 무기와 제기를 제작하였다. 적당한 양의 주석을 구리와 합금할 경우 구리 자체만 활용하는 것보다 성형성이 좋아져 날카로운 무기로도 제작할 수 있었다. 또한 구리 합금은 제사장의 지위를 강화시켜 줄 거울로도 만들어졌다. 구리는 구하기 어려운 만큼 지배층에게만 사용되었던 귀중한 재료였다.

　상평통보의 경우도 주재료는 구리였다. 구리를 주원료로 다른 금속 재료를 섞어 화폐를 만들었는데 자체가 갖고 있는 가치가 있어 화폐이기도 하며 동시에 그 자체로도 귀중한 상품이라고 할 수 있었다. 상평통보는 전국적으로 설치된 주전소에서 만들어졌는데 지역마다 차이가 있지만 현재까지 비파괴검사를 통해 구리$_{Cu}$, 납$_{Pb}$, 아연$_{Zn}$, 주석$_{Sn}$이 비율을 달리하여 합금의 재료로 활용된 것을 확인할 수 있다. 구리에 아연이 주성분인 합금을 황동이라고 불렀는데 민간에서는 비교적 쉽게 구할 수 있는 주석이 아연보다 구리의 합금 재료로 널리 활용되었다. 19세기 순조 대 초반 간행된 『만기요람萬機要覽』에 따르면, 새로운 동전은 구리(약 73%), 아연(약 13.5%), 납(약 13.5%)을 적절한 비율로 합금하여 만들었다고 명시되어 있다. 다만, 이 비율은 지역과 시기에 따라 달라지기도 했다. 어찌 되었건 구리는 상평통보의 주재료였고 실생활에도 필요한 금속으로 그 자체로 가치가 있던 재료였다.

구리의 수입과 공급

상평통보의 주성분은 구리였다. 상평통보를 널리 활용하기 위해서는 많은 양이 필요했는데 문제는 한반도에 매장되어 있는 구리의 양이 많지 않았다는 점이었다. 18세기 초반 영조 대의 기록에 따르면 조선에서 구리를 생산하는 곳은 이천, 안변 그리고 함경도 수안 세 곳이었고 그 채굴량도 필요한 상평통보를 만들기에는 턱없이 부족한 양이라고 보고하고 있다. 숙종 대의 언급이기는 하지만 한 해 동안 필요한 구리의 양이 약 40만 근이었다고 기록되어 있는데 1년 내내 구리를 채굴한다고 하더라도 한반도에서는 필요한 양의 10%도 공급하지 못하는 형편이었다. 물론 당시 기록에는 약간의 과장이 있어 보인다. 당시 조선에서 생활 용기로 유행하던 유기는 구리를 주원료로 하고 있었다. 서유구의『임원경제지』기록에 따르면 민간에서 유기그릇이 없는 곳이 없다고 할 정도로 구리와 아연을 합금한 황동 식기를 널리 사용하고 있었다. 즉, 이 기록에 따르자면 당시 생산되었던 구리가 민간에서의 수요를 어느 정도는 감당하고 있는 상황이었다고도 볼 수 있다. 물론 '널리'라는 말에서 당시 한반도에서 구리가 충분히 생산되었고 이를 기반으로 민간에서도 유기를 활용할 수 있었던 것으로도 해석할 수 있다. 하지만 주전은 또 다른 문제였다. 기록의 과장을 뒤로하더라도, 당시 조선에서 생산되는 구리만으로 국가의 대규모 주전 사업을 충당할 수 있었는지에 대해서는 여전히 의문이 남는다.

실제로 주전에 충당할 구리는 국내에서 충분히 확보하지 못했다. 이에 관에서는 주전에 필요한 구리를 확보하기 위해 수입을 선택했다. 상대는 일본이었는데 당시 일본에서는 은의 생산량이 정점을 찍은 뒤 이어 구리를 생산하고 있었다. 은의 경우 16세기 전반 많게는 전 세계에서 사용한 은의 약 40%를 생산하고 있을 정도였다. 당시 은은 역시 지표면에 노출되어 있는 은 원석을 먼저 제련해 사용하는 방식으로 한계가 분명했다. 이를 대신한 것이 지표에 노출된 구리 원석이었다. 17세기 후반 공식적인 기록에 따르면 당시 일본은 전국에 243개나 되는 구리 광산을 보유하고 있을 정도였다. 이렇게 구리 생산량이 늘어나자 구리를 필요로 하는 유럽을 포함한 아시아 각국에서 구리를 얻기 위해 각자 교환할 물품을 가지고 일본으로 모여들기 시작했다. 1660년대에 들어서면서 일본 밖에서도 일본산 구리를 필요로 하는 움직임이 정점에 다다르기 시작했고 일본에서도 구리를 국가의 자산으로 인식하기 시작했다. 처음에는 구리보다 은이 훨씬 더 가치가 높았기 때문에 일본에서도 구리가 외국으로 수출되어도 국부가 유출된다는 생각을 갖지 않았다. 하지만 점차 구리에 대한 해외에서의 수요가 증가하고 일본에서 유출되는 구리의 양이 늘어나면서 일본 내에서도 수출을 조정해야 한다는 우려의 목소리가 나오기 시작했다.

일단 일본에서는 17세기 중반부터 구리를 해외로 수출하기 시작했다. 수출된 구리의 양은 수출입을 담당한 네 곳의 항구에서 기록한 내역에 따르면 1697년 정점에 달했다. 이후 점차 구리의 수출량은 내부의 수출제한 정책에 따라 하락하기 시작했지만 여전히 일본은 전 세계 구리의 최대 공급처로서 18세기까지 역할을 수행하고 있었다. 구리는 이미 언급할 필요도 없이 청동기시대부터 우리의 일상용품의 재료로 광범위하게 활용되었다. 특히 중국을 비롯한 동아시아에서는 화폐의 재료로 부식이 덜하고 제작이 수월한 구리를 활용하면서 일본의 구리 수입에 많은 공을 들이고 있었다. 중국과 한반도에서도 자체적으로 생산되는 구리가 있었지만 수요를 충당하기에는 한참 부족했기 때문이다. 하지만 전통적 생산방식으로 구리를 제련하는 데는 한계가 분명했고 지표에 드러난 구리도 그 양이 무제한은 아니었다. 따라서 한정된 생산량을 보이고 있던 일본의 구리를 수입하기 위해 중국을 비롯한 동북아시아 국가들 그리고 유럽에서는 네덜란드 동인도회사가 참여하여 구리 쟁탈을 벌였다. 당시 유럽에서도 구리의 수요가 폭발적으로 증가하고 있었다. 특히

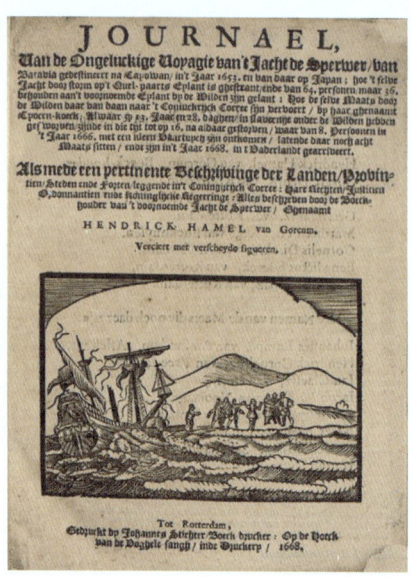

그림 9

헨드릭 하멜의 『하멜 표류기』 초판본,
Consulted via DBNL(KB, national library)

전쟁 때문에 구리의 수요는 폭발적으로 늘어나 네덜란드 동인도회
사에서까지 먼 항해 거리를 무릅쓰고 일본까지 와서 구리를 수입해
가고 있었다. 당시 일본과의 무역에 관여했던 네덜란드 동인도회사
에서 파견한 하멜Hendrik Hamel(1630~1692)은 우리나라에 표착하여
약 13년을 조선에 머물다 1666년 일본을 경유하여 다시 네덜란드로
돌아갔다. 본래 하멜은 무역을 위해 네덜란드에서 출발하여 인도네
시아를 거쳐 일본의 나가사키에 무역만을 위해 설치한 인공섬 데지
마出島로 향하던 선박의 선원 가운데 한 명이었다. 그러나 불행히

도 하멜은 폭풍을 만나 나가사키가 아닌 제주도 해안에 불시착했고 1653년부터 1666년까지 억류되어 조선에서 훈련도감에서 근무하다 탈출한 바 있다.

동북아시아뿐만 아니라 대규모 선단을 끌고 온 네덜란드 동인도회사까지 일본의 구리 무역에 참여하면서 대규모 주전 사업을 벌이느라 구리가 필요했던 중국의 청나라, 그리고 조선은 구리 확보에 열을 올릴 수밖에 없었다. 보이지 않는 구리 확보 전쟁이 벌어진 것과 같았다. 이에 청나라에서는 구리를 조금 더 확보하기 위해 첩자를 보내 일본 내의 상황을 살피기까지 했다. 일본에서의 상황도 마찬가지였다. 구리를 생산해 내수용으로 사용하기도 점차 벅찬 상황에서 외부로 유출되는 양이 증가하니 이를 막을 필요가 있었다. 일본이 고안한 방법 가운데 하나는 내수용 구리와 수출용 구리의 모양을 다르게 제작하는 방식이었다. 외부로 수출되는 구리는 긴 막대기[棹銅] 형태였는데 길이는 약 7-8촌으로 상자에 100근 단위로 포장될 수 있도록 제작했다. 반면 내수용으로 사용되는 구리는 원판 형태로 만들어 시각적으로 구분하였다. 내수용을 수출하거나 수출용을 내수에 사용하는 것은 처벌 대상이었다. 물론 구리를 다시 녹여 내수와 수출용 구리 모양을 변형시킬 수 있었지만 그러기 위해서는 구리를 녹여 성형하는 비용이 발생하게 마련이었다. 나무나

석탄으로 1,000도 이상 고온으로 새로운 모양으로 변환하는 것은 구리의 가격을 높이는 원인이 되기 때문이다. 일본에서는 이런 장벽을 만들어 수출용과 내수용 구리를 외형적으로 구분하였고 구리의 과도한 수출을 막고자 노력했다.

구리 vs 쌀과 면포

상평통보를 제작해 막 유통하기 시작한 조선에서는 이러한 경쟁속에서 어떻게 일본으로부터 구리를 확보할 수 있었을까? 당시 일본의 수출항 나가사키[長崎]는 막부로부터 직접 통제를 받았고, 부산은 쓰시마[對馬], 유구는 사쓰마[薩摩]를 통해서 그리고 아이누족은 마쓰마에[松前]에서만 통교를 허락하고 있었다. 구리뿐만 아니라 일본에 접근하는 상인들을 통해 과도한 물자의 유출을 확실하게 통제하기 위해 한정된 통로를 통해서만 물자를 출입하도록 허락한 것이다. 조선은 쓰시마를 통해 구리와 다양한 물품을 교환하고 있었다. 그렇다면 당시 조선에서는 구리를 가지고 오는 대가로 어떤 물품을 주고왔을까? 조선에서 일본 측에 제공했던 것은 면포와 쌀이었다. 당시조선과 무역이 허가된 창구 쓰시마는 토질의 문제 때문에 벼가 잘자라지 못했다. 물론 이는 쓰시마만의 문제는 아니었다. 일본 전역에서 나타나는 문제 가운데 하나였다. 면화 역시 일본열도의 생육환경이 잘 맞지 않았고 이를 관리할 기술이 발전하지 않아 항시 부족에 시달리고 있었다. 따라서 쓰시마에서는 항상 주식인 쌀과 의생활의 주재료였던 면화 부족을 해결해야만 했다. 삶에 가장 주가 되는의복과 식생활에서 나타난 자원의 부족은 쓰시마 도주를 무역에 훨씬 절실하게 만들었고, 일본은 쓰시마를 창구로 쌀과 면포를 조선으로부터 수입하기 위해 조선 초기부터 엄청난 노력을 기울이고 있었다. 무역의 규모를 확대시켜 달라고 왜관의 왜인들이 난리를 일으키기도 했다.

실제 쌀 가격의 차이도 사료를 통해 확인할 수 있는데, 구리 수입이 정점을 기록하던 1679년 당시 조선에서 쌀을 수입할 경우 일본의 도량형으로 1석의 가격이 당시 약 48.2문(匁)이었다. 하지만 같은 해 교토에서의 쌀 판매 가격이 약 71.5문이었으니 조선에서 쌀을 수입하는 경우 약 20문 이상 저렴하게 공급할 수 있었다. 17세기 말부터 18세기 초반 일본에서의 쌀 가격이 저렴할 때와 비쌀 때를 비교하면 50-100문 정도로 등락을 거듭하였지만 기본적으로 조선에서 공급받는 쌀이 없다면 일본에서 쌀은 항시적으로 부족하였다. 1696년의 경우에는 양국의 쌀 가격 차이가 30문 정도로 더 벌어지고 있었다.[4] 그만큼 조선에서 유입되는 쌀이 쓰시마를 비롯한 일본 열도 전체에 필요한 쌀을 보완해 줄 수 있다는 사정을 잘 보여주고 있다. 조선에서는 일본과의 무역을 위해 경상도 지역의 세액을 조선 초의 경우 아예 서울로 올려보내지 않고 지역에서 일본과의 무역에 소비하도록 허가하기도 했다. 물론 조선 후기 중앙재정의 확대와 이를 충분히 확보하기 위해 경상도에 새롭게 조창漕倉 세 곳을 설치하였지만 기본적

으로 일본과 무역은 쌀과 면포를 기반으로 이루어지고 있었다.[5]

또 다른 교역품이었던 면화의 경우도 고온건조한 지역에서 주로 자라는 작물의 특성상 일본에서 자급하지 못하는 대표적인 품목이었다. 따라서 일본에서도 면직물은 상층부에게만 허락된 매우 귀한 것이었으며 필요한 수요의 대부분 면화를 조선에 의지하고 있었다. 물론 일본에 17세기 전반 일년생 면화가 전파되고 재배가 확산되면서 이른바 '목면혁명' 혹은 '의료혁명衣料革命'이라고 부를만한 획기적인 변화가 나타나고 있었다. 당시 네덜란드와의 교역과 조선과의 지속적인 무역으로 면포의 보급이 일본 내에서 확대되어 갔다. 그 결과 조선과 일본의 면포 가격의 불균형은 18세기 중반 들어 점차 줄어들고 있었다. 하지만 일본에서 면화의 생산량이 늘어나더라도 가격이 급격하게 떨어지지는 않았다. 1752년부터 1772년 사이에 에도의 주요 물품을 기록한 내역에 따르면 면포 1필당 은으로 표시된 가격이 1757년 6.438냥을 시작으로 대개 6냥대 초반 가격을 형성하고 있었다. 1758년부터 1필당 은으로 표시된 가격이 5.839냥을 기록한 이후 특별한 재해가 없는 한 6냥을 넘지 않고 1772년 1월부터는 4.6냥으로 점점 하락하였다.[6] 여전히 백성들에게 면화로 된 직물은 고급품에 불과했다. 두 나라 사이의 부족한 물품이 다른 이유로 양국 사이에 교역이 성립했다.

5

상평통보의 제작

금속 장인의 작품

원료만 있다고 상평통보는 저절로 만들어지지 않는다. 금속으로 만든 화폐이므로 원료를 녹이고 틀에 부어 성형하고 표면에 남은 상처나 거친 부분은 줄질로 매끈하게 제거해야 상평통보가 완성되었다. 동전을 만드는 작업은 마지막 제품으로 내놓기까지 많은 품과 비용이 들어가고 있었다. 상평통보를 만들기 위해 우선 구리를 비롯한 주석, 아연, 납과 같은 원재료를 일정 비율로 섞어 녹여야 했다. 납은 구리와 함께 용해하면 녹는점이 낮아지고 주석이나 아연은 녹인 금속 용액의 유동성을 향상시켜 동전의 본래 모양으로 정확하게 제작하는 데 도움을 줬다. 상평통보가 제작된 지역별 혹은 시기에 따라 해당 금속의 함량은 달랐는데, 이는 그때그때 동전을 제작한 관서와 지역에서 갖춘 금속의 구비량에 영향을 받았을 것으로 보인다.[7]

그러면 상평통보를 만드는 과정을 따라가 보자. 우선 상평통보의 원료들을 각각 하나의 용광로에 넣고 녹여야 했다. 금속이 녹을 정도로 온도를 올리기 위해서는 노천에서는 불가능했고 노爐를 설치하고 풀무를 이용해야 했다. 이 용광로에서 원석들을 녹여 금속 원료를 액체로 만들었다. 청동기시대로 접어들면서 거푸집을 만들

고 구리를 녹이는 일은 아주 오래전부터 해오던 일이었다. 1,000도
를 넘는 온도로 구리를 녹이고 녹아내린 구리를 거푸집 안에 넣는
작업이 가장 먼저 해야 하는 과정이다. 동전의 모양을 잡아 줄 틀
은 녹는 점이 높은 모래를 이용했다. 상평통보의 전형이 되는 이른
바 '모전母錢'을 모래 위에 찍어 상평통보가 만들어질 공간을 만들었
다. 다음으로 양면의 모양이 찍힌 두 개의 판을 마주 붙이고 철사로
단단히 묶어주었다. 이 모래판이 이른바 말하는 거푸집 역할을 할
수 있었다. 주입한 금속 액체가 식은 이후 거푸집을 거둬내면 나무
줄기가 뻗어나간 모양의 주물 투입구 끝에 둥근 모양의 상평통보가
열매 열리듯 달리게 된다.

그림 10
제작틀에서 나온 동전, 국립중앙과학관 소장

그림 11

동전을 제작하기 위한 과정,
국사편찬위원회 우리역사넷에서 전재
(http://contents.history.go.kr/mobile/eh/view.do?levelId=eh_r0271_0010&code=eh_age_30)

이제 열매 같은 상평통보를 하나씩 떼는 일만 남았다. 그런데 떼어낸 부분은 아무래도 금속 절단면이다 보니 매우 날카로운 부분이 남아 있었다. 이를 제거하기 위해 동전 하나씩 줄로 다듬어 날카로운 부분을 제거해 주었다. 또한 모래로 상평통보의 표면을 마모시켜 녹이고 성형하는 과정에서 오염된 표면을 닦아 구리 본연의 색이 드러난 상평통보가 나올 수 있도록 마지막 작업까지 진행했다. 작은 금속 덩이를 몇만 개씩이나 하나하나 수작업으로 만들다 보니 상평통보 하나의 가격은 그 자체로도 꽤 높아질 수 있었다. 노임은 관공서의 노비들로 대체한다고 쳐도 성형 기술자들이나 용광로를 다루는 숙련 노동자들을 부리는 작업은 굉장히 많은 비용이 들어갈 수밖에 없었다.

제작비용의 세계

상평통보는 제작하는 데 어느 정도의 비용이 들었을까? 이와 관련한 문제로 상평통보와 같은 화폐의 가장 중요한 딜레마는 동전의 가격을 어떻게 정하느냐였다. 상평통보에 찍힌 가격이 실제 만드는 가격보다 훨씬 높다면 민간에서는 시세차익을 노린 불법적인 사주전私鑄錢 즉, 도주盜鑄가 발생하게 된다. 반대로 재료의 가격이 실제 액면가보다 높다면 민간에서는 동전을 녹여 원재료를 추출해 파는 훼전毀錢이 발생하게 된다. 동전을 만드는데 가장 많은 비용을 차지하는 것은 역시 원료비였다. 원료가 동전 제작에 드는 비용은 중국 측 기록을 참고한다면 약 60% 정도를 차지했다. 나머지 비용 가운데 20%는 원석을 녹여서 성형하는 데 필요한 연료가 차지하고 있다. 원광석에서 구리나 아연, 주석 등을 추출하기 위해서는 1천 도 이상의 높은 온도로 광물을 녹여야 했다. 당시 온도를 높이기 위해서는 거의 나무를 사용해 주물 용액을 만들었기 때문에 다량의 나무를 용광로를 제작해 단시간에 태워야 했다. 이 비용에는 항상 필요하지 않은 노爐를 설치해야 하고 유지보수를 해야 하는 비용이 포함돼 있었다. 따라서 정부에서는 항시적으로 용광로를 운영하고 있던, 예를 들어 군문軍門을 이용하여 동전을 제작하기도 했다. 군

문에서는 상시적으로 방어에 필요한 금속으로 만든 무기를 제작해
야 했기 때문이다. 따라서 금속을 녹이고 성형하는 용광로는 군문
에게 있어 꼭 필요한 시설이었다. 더구나 금속을 높은 온도로 녹이
고 안정적으로 다룰 수 있는 숙련공의 존재는 작업에 필수였다. 군
문에서는 주물 장인들이 상주하고 있던 만큼 숙련공들에게 들어가
는 비용을 줄일 수 있었고 관에서는 전체적인 제작 단가를 낮추기

위해 군문을 활용하기도 했다.

당시 동전의 제작 단가를 낮추기 위해 협주挾鑄라는 방식을 이용하기도 했다. 협주에서 '협挾'은 속된 표현으로 '꼼사리'라고 할 수 있다. 협주는 본래 관에서 주전을 마치고 주전에 동원된 장인들이 관에서 주전에 사용한 용광로를 이용하여 개인적으로 재료를 첨가하거나 관에서 주전을 실행한 이후 남은 재료를 동원하여 동전을 만드는 행위를 말한다. 국가에서는 동전을 제작하는 비용을 낮추기 위해 공식적인 주전이 아닌 사주전을 협주라는 방식을 통해 허락하여 임금을 대신하거나 임금의 일부를 대체하려고 계획한 것이다. 이러한 협주 방식은 조선뿐만 아니라 청나라에서도 주전 비용을 절감하기 위해 사용했던 것으로 보인다.

이러한 협주는 원칙적으로 허용된 주전 방법이 아니었다. 임금을 절약하기 위한 편법으로 사용되었던 만큼 동전의 품질에 심각한 악영향을 미칠 수밖에 없었다. 우선 협주는 관에서 주도하는 주전을 마친 뒤에 실시할 수 있었으므로 동전의 주재료를 제대로 공급받을 수 없었다. 협주에 참여하는 노동자들이 재료를 구해와 시설을 이용하는 특혜를 주는 것이 전부였다. 그러다 보니 동전제작의 정해진 함량을 따르지 않거나 다른 값싼 혹은 재활용을 통한 주전을 할 수밖에 없었고 결국 협주된 동전은 눈으로 구분될 정도로 확연히 품질이 떨어졌다. 상평통보가 유통되고 어느 정도 시간이 흐른 즈음에 관에서는 중국 고사에 나오는 물에도 뜰 정도로 품질이 열악한 아안전鵝眼錢을 사례로 들며 요즘 동전의 품질에 대한 걱정을 하고 있을 정도였다. 과장이겠지만 재료가 정확히 들어가지 않고 대체재 등을 사용하다 보니 금속으로 만든 동전이지만 물에 뜰 정도로 열악한 품질이었던 것이다. 하지만 조정에서는 품질을 이유로 협주라는 방식을 포기할 수 없었다. 1742년(영조 18) 6월 『승정원일기』의 기록에 따르면 관에서는 협주를 통해 30-40%의 추가적인 이익을 올릴 수 있다고 밝히고 있다. 동전이 부족한 상황에서 임금으로 소비되는 비용을 추가적으로 동전 제작에 투입할 수 있는 방법이라 협주는 동전을 제작하며 오랜 기간 동안 정부에서 활용하고 있었다.

이 밖에도 비용은 여러 곳에서 끊임없이 발생하고 있었다. 상평통보의 주재료가 무거운 금속이다 보니 원재료를 옮기는 작업도 만만치 않았다. 1706년(숙종 32)의 기록에 따르면 주로 부산의 왜관을 통해 들어오는 생동을 서울까지 운송하는 데에는 운임이 전체 가격에서 약 20%가 추가되었다고 한다. 따라서 상평통보를 주전하면 남는 것이 거의 없을 정도라는 탄식이 나오는 것도 무리는 아니었다.

6

효용성 높은 상평통보

상평통보가 바꿔 놓은 생활

상평통보의 유통이 확대되면서 개인의 생활에는 어떤 영향이 있었을까? 생산량이 증가하면서 일단 일반 백성들도 동전을 소유하고 활용할 수 있는 기반이 마련되었다. 상평통보가 지방까지 확산하면서 나타난 가장 중요한 변화는 일상에서 상평통보를 활용하는 모습들을 확인할 수 있다는 점이었다. 예를 들어 여행객들이 더는 무거운 쌀이나 면포를 가지고 다니지 않아도 되었다. 산악 지역이 많은 한반도에서 장거리를 여행하는 것은 거의 대부분 도보에 의존할 수밖에 없었다. 더구나 도보로 여행하면서 필요한 비용이나 옷가지 여기에 과거시험을 위해 필요한 종이나 책까지 들고 간다면 이는 건장한 성인 남성에게도 매우 고된 일이었다. 상평통보의 확산은 이러한 풍경을 급격하게 변화시켰다.

조선시대 사람들이 상평통보를 어떻게 이용하고 있었는지 확인하기 위해 당시 사람들이 남긴 기록을 확인할 필요가 있다. 특히 모든 물자가 모이고 거래가 활발했던 서울뿐만 아니라 지방에서 살고 있던 사람들의 기록은 상평통보가 확산했던 정도를 확인할 수 있게 해줄 것이다. 이를 위해 황윤석黃胤錫(1729~1791)의 『이재난고頤齋亂藁』[8]라는 개인 일기에 나타난 상평통보 사용 양상을 살펴보자.

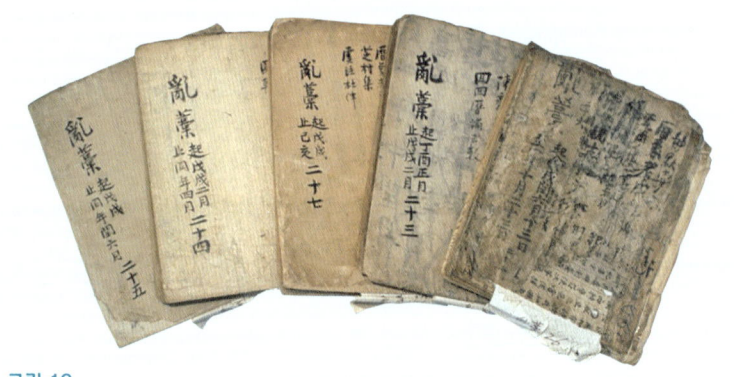

조선 후기의 학자 황윤석黃胤錫이 작성한 『이재난고』의 실제 모습,
한국학중앙연구원 소장, 한국민족문화대백과사전에서 전재

    당시 향촌에 살고 있던 황윤석이라는 인물은 그의 나이 10세
(1738) 때부터 63세(1791)까지 57책에 달하는 방대한 일기를 남기
고 있다. 그의 일기에는 황윤석 개인의 소소한 일상부터 당시 생활
상을 확인할 수 있는 내용들이 수록되어 있다. 특히 화폐가 유통되
어 전국적으로 확대된 상황과 실제 화폐를 사용하는 내역이 일기
에도 자세하게 기록되어 있다.[9] 일기의 주인공 황윤석은 현재 행정
구역으로 전라북도 흥덕興德에 거주한 양반이었다. 황윤석의 이력
을 간단하게 살펴보면 1759년(영조 35) 양반으로서 최소한의 인정
을 받기 위해 필요한 진사시에 합격하였고 이를 기반으로 향촌에
서 양반으로 살아가고 있었다. 하지만 더 높은 관직을 얻기 위해 과

거에 총 24차례나 응시했는데 결국에는 급제의 꿈을 이루지는 못했다. 하지만 황윤석은 '은일隱逸'이라는 제도를 통해 의영고義盈庫의 종8품직 봉사奉事나 종부시宗簿寺, 종7품직 직장直長, 장릉長陵의 참봉에서 그리고 지방관인 이른바 사또로 불리는 현감직을 역임하기도 했다.

그는 과거를 보거나 혹은 관직을 수행하기 위해 장거리 여행을 여러 차례 했고 이를 일기에도 자세하게 기록하고 있다. 특히 그는 여행하며 가지고 간 상평통보의 액수와 사용한 용처, 그리고 남은 잔액까지 세밀하게 기록하였다.[10] 요즘도 마찬가지이지만 교통수단이 제한적이었던 전근대 시기 여행에서 숙박은 매우 중요한 부분이었다. 당시 황윤석은 잠을 수로 읍섬邑店, 아짐衙店 등에서 해결했고 식사는 같이 해결하거나 별도의 장소에서 평균 4푼에서 5푼을 주고 먹었던 것으로 확인된다. 상경 기록 가운데 가장 자세한 1767년 내역에 따르면 일주일간의 상경 기간 동안 총 2냥 6전 7푼의 상평통보를 준비했고 4전 6푼의 금액을 남겼다. 아침 식사의 경우 9푼에서 1전 1푼, 점심은 5푼 내외, 저녁은 숙식을 같이 해결해야 했으므로 1전 6푼에서 2전의 금액을 지불하고 있다.[11]

황윤석의 고향인 홍덕에서 한양까지는 오늘날의 거리로는 약 300km 정도였다. 황윤석은 이 여정을 마무리하는데 5박 6일의 시간이 걸렸던 것으로 보인다. 이는 하루에 50km 정도를 이동해야 하는 강행군이었다. 황윤석이 이동을 해야 했던 시기 만약 상평통보가 존재하지 않았더라면 숙식을 해결하기 위해 그는 화폐 대신 사용할 쌀이나 면포와 같은 현물을 지참해야 했을 것이다. 그런데 황윤석이 한양을 가던 시기에는 상평통보가 유통된 지 한참의 시간이 흘렀고 3냥의 상평통보만으로 한양까지의 여정을 비교적 수월하게 마무리할 수 있었다.

그가 이용했던 상경길은 매번 같지는 않았다고 한다. 하지만 대체로 유사한 길을 이용하여 서울로 올라왔고 아래의 지도와 같은 경로를 밟아왔다고 기록되어 있다. 이는 다시 말하자면 해당 지역에서는 더 좁게는 해당 지역의 '점'에서는 상평통보를 사용하는데 무리가 없었다는 이야기로 바꾸어 말할 수 있다.

상평통보가 널리 사용되었던 것은 당시 중요한 재산의 하나인 토지나 가옥 등을 거래할 때에 남긴 문서를 통해서도 확인할 수 있다. 토지에 대한 재산 가치가 점차 증가하면서 노비와 같은 인적 자원이 아니라 논과 밭 같은 토지를 재산의 중요한 부분으로 생각하기 시작했다. 개간이 진행되고 매년 농사를 지을 수 있을 정도로 비료를 활용할 수 있게 되면서 농지는 더 이상 아무 곳이나 개간하면 되는 널려있는 재산이 아니었다. 따라서 논과 밭을 얻어 농사를 지으

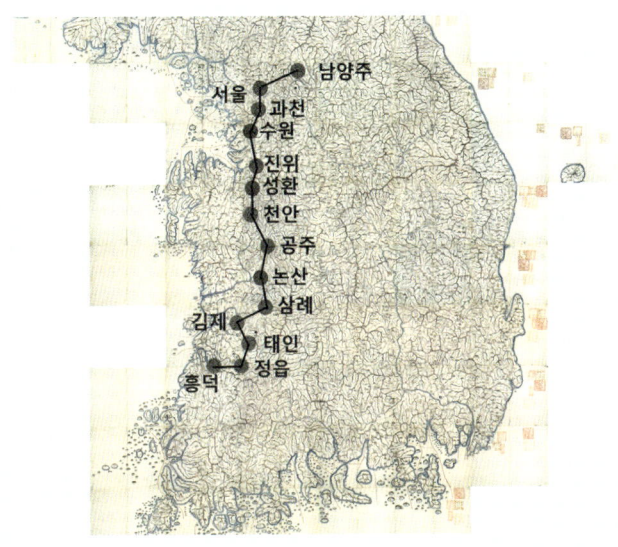

그림 14

〈대동여지도〉에 표시한 황윤석의 상경길,
서울대학교 규장각한국학연구원 소장, 상경길 표시는 노혜경(2009)이 논문 〈표 4〉 참고

려면 해당 농지를 구매해야 했다. 농지의 재산 가치가 상승하면서
농지의 가격도 그에 맞춰 상승하고 있었다. 상평통보와 같은 화폐
가 없던 시기에는 면포나 쌀을 가지고 토지를 사고 있었다. 쌀이나
면포 외, 재산 가치가 가장 높았던 소와 같은 가축도 결제 수단으로
동원되었다. 소는 인간보다 몇 배의 근력을 발휘할 수 있었으므로
밭갈이를 할 경우 반드시 필요한 자원이었다. 17세기 충청도에서
소 한 마리를 하루 빌렸다면 인간의 노동력으로 사흘 동안 보상을

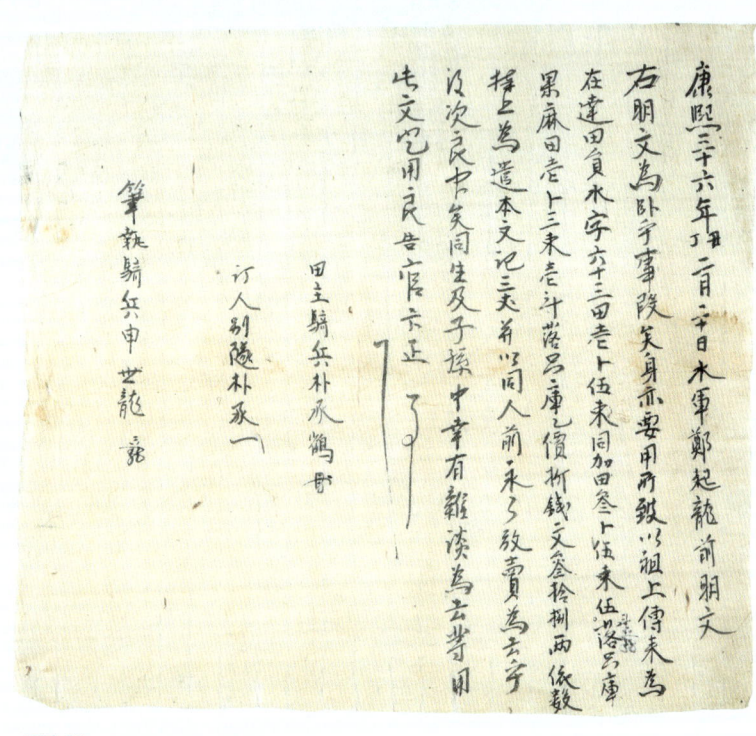

그림 15

부여 은산 함양박씨 구당 박세영 종가 소장 토지 매매 문기, 토지주택박물관 소장

본 문기에 따르면 1703년 부모님께 받은 토지를 판매하였는데, 그 대가로 전문 즉 상평통보 15냥을 받고 있다. 부여에서도 1703년 토지를 거래하며 상평통보를 주고받았음을 확인할 수 있는 문서이다.

해야 하는 암묵적 규정이 있었던 것도 이러한 이유에서였다.[12]

그러나 상평통보가 유통되고 확산되면서 전국적으로 남아 있는 토지 매매 문기에서 거래 수단은 18세기 초반을 기점으로 현물에서 상평통보로 거의 모두 바뀌고 있다. 토지가 가장 많은 경상도 지역에서 가장 이른 사례의 경우 1695년에 상평통보를 거래 수단으로 활용하는 양상을 확인할 수 있었다. 이에 비하여 전라남도 지역의 경우 조사한 토지 매매 문기 가운데 가장 이른 상평통보의 등장은 1705년이었고 이를 기점으로 상평통보를 결제 수단으로 활용하는 모습이 나타나고 있었다.[13] 물론 지역마다 상평통보를 결제 수단으로 이용한 시기는 차이가 있다. 그러나 대략 18세기 초반에 이르게 되면 거의 모든 토지 매매 문기에서 결제 수단을 상평통보로 사용하고 있고 이전의 결제 수단이었던 면포나 은 혹은 쌀과 같은 현물은 사라져 버리고 있다.

물론 상평통보가 모든 토지 거래에 사용되었던 것은 아니었을 것이다. 실제 당시 상평통보의 주전량은 민간의 수요를 모두 충당할 정도로 충분하지 않았다. 우선 1700년을 전후해서는 일본에서 수입하는 구리의 양이 현격하게 줄어들기 시작하면서 상평통보를 충분히 필요에 따라 공급하기 어려워졌다. 하지만 실제 거래의 수단으로 사용되었는지 여부는 관계없이 상평통보가 토지의 가치를 평가하는 공식 수단으로 민간 깊숙하게 널리 확산되었던 점은 분명하게 계약 문기를 통해 확인할 수 있다. 실제 지불 수단이 아닐지라도 상평통보를 통해 가치를 평가하는 방식이 보편적으로 인정된다는 의미로 해석할 수 있다.

상평통보 사용을 통한 일상의 변화는 화폐가 집중되었던 서울에서 가장 극명하게 나타나고 있었다. 상평통보는 가볍고 단단해 곡식이나 면포와 달리 보관이 수월했다. 따라서 재산으로 축적하는 데 있어 다른 무엇보다 적합했다. 서울의 부자들이 부피가 적은 상평통보를 곡물 대신 활용하며 곡식을 쌓아 놓는 창고를 집안에 더 이상 설치하지 않아도 된다고 기록할 정도였다. 상평통보의 확산은 서울의 집 구조까지 바꾸고 있었다. 실제 조선시대 내내 도성을 경계로 한 한양에서는 주택이 밀집해 있어 주택 가격은 매우 높았다.[14] 조선 후기로 갈수록 인구가 한양으로 모여드는 현상을 막을 수 없게 되면서 도성 안의 집값은 오늘날과 같이 천정부지로 오르고 있었다. 주택 가격은 후기에 더 오르고 있었지만 조선 초에도 크게 다르지 않았다. 도성으로 구획 진 성 밖은 서울이 아니었고 야간에는 통행도 제한되었기 때문에 도성 안의 인기는 높을 수밖에 없었다. 이에 좁은 공간을 최대한 이용하기 위해 도성 안 사람들은 가능하면 필요한 건물만 최소한으로 들여놓았고 이를 통해 주택을 밀도 있게 이용하려고 했던 것 같다. 실제 조선 초기 집터 유적이 발견된 서울 종로구 공평동에서는 당시 가장 집값이 비쌌던 궁궐 앞 가옥구조의 특징적인 면모를 발견할 수 있다.[15] 대표적인 예로 으레 집에는 하나쯤 있어야 하는 화장실이 유적에서는 거의 발견되지 않고 있는 점이다. 대신 깨어진 항아리들이 집안 곳곳에서 발견되었는데, 이는 화장실마저도 없애고 대신 이를 모아 처리하는 똥장군으로 기능을 대체했던 것으로 이해할 수 있다. 화장실 공간마저도 아까워하던 시기 쌀과 면포와 같이 재산을 축적하기 위해서 필요했던 부피 나가는 현물은 좀 더 부피가 적게 나가는 무언가로 대체하고 싶었을 것이다. 실제 상평통보가 유통되기 시작하면서 서울에서 집을 구하던 영조 대 유만주俞晩柱(1755~1788)는 이제 서울에서 쌀을 쌓아 놓는 창고는 상평통보 때문에 없어지고 있다고 기록하고 있다.[16] 보관성도 좋고 부피도 적게 나가는 상평통보는 이전과 다른 축재 수단으로 각광받고 있었다. 유만주도 곧 썩어 없어질 곡식과 같은 현물 대신 부자가 되려면 상평통보를 가지고 있으라고 동료에게 권고하고 있다. 구체적인 이유는 명확하게 제시하지 않았지만 동전의 보관성뿐만 아니라 춘궁기나 추수기에 곡식 가격의 차이가 현격하게 나는 상황에서 상평통보를 가지고 있는 것이 훨씬 이득에 도움이 되었던 점도 유만주는 경험으로 알고 있었던 것이다.

상평통보의 다양한 필요

상평통보는 백성들에게만 좋은 것이었을까? 그렇지는 않았다. 비록 정부에서도 막대한 비용을 들여 상평통보를 제작해야 했지만 정부도 투자만 하는 것은 아니었다. 상평통보의 제작으로 정부도 이익을 볼 수 있는 좋은 기회가 존재하고 있었다. 그런데 상평통보가 잘 유통이 되어야 정부에서도 소기의 목적을 달성할 수 있었는데 실상 그러지 못했다.

실제 각 관서에서는 기회가 되면 상평통보 제작을 허가해 달라고 요청하고 있었다. 이는 재정과 관련된 관서에만 한정되지 않았다. 군대에서도 상평통보 제작에 나서고 있었는데 군대는 예나 지금이나 평화로운 시기에는 필요성을 절감하지 못하고 비용만 축내는 오해를 받기 쉬운 존재였다. 군대와 방어체제를 항시적으로 유지하는 데는 많은 비용이 들었기 때문이다. 양난을 겪은 이후 등장한 서울을 지키는 세 개의 주요한 군문 훈련도감, 어영청, 금위영도 마찬가지였다. 특히 급료를 받는 훈련도감 같은 군대가 서울에 주둔하고 북벌이란 명분이 정가에 머물던 시기 군대의 유지는 항상적으로 예산을 필요로 했고, 또 동전의 양면과 같이 예산의 부족은 따라오고 있었다. 따라서 이들 군문에서 주전을 요청하는 것은 재정적인 보

완을 염두에 둔 일로 당시에도 빈번하게 기록을 확인할 수 있다. 지방의 군대도 마찬가지였다. 임진왜란 당시 왜군의 효율적인 방어를 위해 만들어진 통제영에서도 주전을 수시로 행했다는 사실은 통제영의 발굴 작업 끝에 나온 통제영 바로 옆 주전소 유구를 통해 짐작할 수 있다.

동전은 서울에서도 예외 없이 필요했다. 대표적으로 군문을 들 수 있는데 군대는 생산과 관계없이 방어를 위해 소비를 해야 하는 집단이었다. 특히 서울로 모여든 군사들을 유지하기 위해서는 그만큼 비용이 들었다. 전란은 이미 오래전에 끝이 났지만 서울을 방어하기 위한 군대는 없앨 수 없는 노릇이었다. 훈련도감, 어영청, 금위영은 서울을 방어하는 삼군문으로 불리는 군대였다. 이들 삼군문의 주된 임무는 도성을 훈련도감, 금위영과 함께 삼분하고 방어하는 동시에 관리하는 역할도 했다. 하지만 산성이라는 것이 시간이 지나면 나무뿌리에 터져나가는 곳이 생겨나고 평상시 방어 업무에 관리 업무까지 더해지면서 재원은 항상 부족하였다. 이에 훈련도감을 비롯한 삼군문에서는 군문을 운영하느라 소진된 재원을 보완하기 위해 상평통보 주전을 왕에게 요청하여 허락을 받고 있다. 주전을 하고자 하는 목적 자체가 군문의 자금 충원임을 명확히 밝히는 기록들이 다수 등장하고 있다. 이러한 요구에 대해 숙종 대부터 국왕은 군문에 일정한 기간 동안 주전을 허락하고 있다. 1681년(숙종 7)에는 어영청에 6개월 동안 주전을 허락하고 있는데, 6개월의 기간을 보장한 것은 재원을 보완하기 위해 상평통보를 충분히 주조해야 했고 그 과정은 어느 정도의 시간이 필요하다고 보았기 때문이다.

재원확보가 필요한 곳은 군문만이 아니었다. 관서에서도 필요한 자금을 확보하기 위해 주전을 활용하고 싶어 했다. 지방에서 상평통보를 제작하게 해달라는 상소는 상평통보의 주전 초기부터 나타나고 있다. 평안도와 전라도, 개성 등 각 지역에서 상평통보를 직접 제작하면서 지방 재정의 확충 및 실제 지방에서 필요한 상평통보를 자체적으로 제작하여 공급하는 효과를 갖고 있었다. 재정적인 소용뿐만 아니라 진휼을 위해 상평통보를 주전하는 경우도 생겨났다. 현실적으로 식량이 필요한 상황에서 상평통보를 주전하는 것이 무슨 도움이 되겠는가 싶지만, 당시 진휼책으로 상평통보 주전은 거의 동일시되고 있는 상황이었다.

유인책으로서의 상평통보

상평통보는 구리와 주석, 납과 같은 일상에서도 가치가 있는 금속으로 만들어졌지만 바로 먹을 수는 없었다. 간단하게 이야기하자면 흉년이 들면 동전이 쓸모가 없을 것이란 말로 바꿀 수 있다. 하지만 흉년이 들어 식량이 필요할 때 어김없이 해당 지역 지방관은 상평통보를 한시적으로라도 만들 수 있도록 허락을 구하고 있다.

> 임금이 대신大臣과 비당備堂을 인견하였다. 이때 팔도에 재
> 황災荒이 심하였으므로, 임금이 여러 신하들과 더불어 백성
> 을 구제하고 굶주림을 진휼할 대책을 논의하였는데, 여러
> 신하들 중 어떤 이는 주전의 이익을 청하기도 하고, 어떤 이
> 는 자염煮鹽의 편리함을 말하기도 하였다. 임금이 처음에는
> 주전에 대해 난색을 보였지만, 마침내 허락하였다.
>
> —『영조실록』권30, 영조 7년(1731) 9월 20일

전국적으로 재해가 들 경우 필요한 곡식이 부족해졌고 백성들은 먹을 것이 부족해졌다. 그런데 현실적으로 곡식이 이웃 고을에 있더라도 이를 운송하는 것이 문제였다. 지역 간 이동을 하려면 그만

큼 운송비가 들었기 때문이다. 이에 백성들의 먹을 것을 흉년이 든 지역에서 구하는 것은 전근대 시기 매우 어려운 일이었다. 이를 해결하기 위해서는 곡식을 유인할 무엇이 필요했다. 곡식만큼 이익을 얻을 수 있는 상품이 있어 상인들이 곡식을 가지고 올 수 있도록 유인을 할 필요가 있었다. 무엇이었을까?

바로 그것이 상평통보였다. 상평통보는 그 자체로 먹지는 못했지만 상평통보를 얻는다는 것은 상인들에게 향후 이익을 보장해 줄 수 있는 수단이었다. 특히 곡식이 부족한 봄철 춘궁기와 곡식이 풍부한 추수기에 상평통보를 이용해 정부와 거래할 경우 큰 시세차익을 거둘 수가 있었기 때문이다. 예를 들어 춘궁기에 정부에서는 곡식을 나눠주기 위해 상인들로부터 곡식을 빌고 해당하는 금액을 상인들에게 상평통보로 나눠주고 있었다. 곡식이 부족하니 평상시보다 곡식의 양은 적을 것이지만 상황이 상황인 만큼 적은 곡식에 1냥의 돈을 내어주었을 것이다. 그런데 가을에는 곡식의 가격이 춘궁기보다 훨씬 낮아질 수밖에 없었다. 공급이 그만큼 늘어나기 때문이다. 상인들은 이때에 곡식을 잔뜩 쌓아 놓고 또 곡식이 모자란 춘궁기가 오기만을 기다렸다. 봄에 정부에게 쌀을 조금 내어주고 받은 1냥의 상평통보로 또 추수기에 곡식을 춘궁기보다 훨씬 많이 구입할 수 있었다. 이러한 상황에서 곡식을 쌓아 놓은 상인은 매해 춘궁기와 추수기가 반복되면 될수록 그만큼 차익을 얻을 수 있었다. 곡식과 상평통보의 가격이 정부에서는 고정되었기 때문에 가능한 일이었다.

돈으로 세금을 납부하게 해달라!

상평통보가 유통되면서 세금으로 상평통보가 활용되었다. 그런데 백성들도 상평통보로 세금을 납부하게 해달라는 요청이 등장하고 있었다. 동전이 유통되기 위해서 세금으로 동전을 일정 부분 부과하여 유통시킬 것을 예부터 도모하기는 했으나 실제 백성들이 세금으로 동전을 원하는 상황은 예상치 못한 것이었다. 항상 동전이라는 화폐는 실제 직접 사용할 수 없는 물품이라 백성들이 거부할 것이라 예상해 일정 부분 강제하여 유통을 보장받고자 했다. 상평통보가 제작되면서도 18세기 정도에 접어들면서 지역에 따라 현물로 세금을 납부할지 아니면 상평통보로 납부할지는 이미 고정되어 있었다. 따라서 작황에 따라 상평통보나 현물 둘 중에 원하는 물종을 낼 수는 없는 일이었다.

상평통보가 구하기 힘들고 마음대로 선택할 수도 없었지만, 백성들 입장에서는 이를 세금으로 납부할 경우, 세금으로 낼 쌀과 같은 현물을 구해야 하는 부담이나, 현물 납부 시 품질을 이유로 퇴짜를 당하는 일이 현실적으로 줄어들었다. 영조 대의 경우 백성들이 쌀로 세금을 납부하는 것이 지켜야 할 법칙인 줄은 알지만 나날이 쌀의 품질을 이유로 퇴짜를 놓으니 견딜 수가 없다며 대신 상평통보로 납부하게 해달라는 소원을 올리고 있었다. 그런데 쌀과 상평통보는 정부에서 세금으로 동시에 받아들이기 위해 공정가격을 정해 놓아야 했다. 문제는 쌀 가격이 일정하지 않은 데 있었다. 예를 들어 쌀가격은 상평통보로 정해진 공정가격보다 특히 추수기에 훨씬 저렴해질 수밖에 없었다. 만약 상평통보로 세금을 낼 수 있다면 백성들에게 훨씬 유리한 거래가 될 수 있었다. 따라서 곡식의 가격이 떨어져 규정된 가격보다 값이 저렴해진다면 세금으로 낼 상평통보를 구하고도 이전보다 많은 곡식이 수중에 남게 된다. 이 경우 백성들은 상평통보로 세금을 납부할 수 있도록 원했고 관에 요청했다.

> 균역청의 전조錢條는 그래도 지탱해 갈 수가 있습니다만 미조米條에 이르러서는 각도各道의 결역結役에 해당되는 사람들이 모두 돈으로 바치기를 원하고 있기 때문에 군문軍門의 허다한 향미餉米를 실로 추이推移하여 급대給代하기는 어렵습니다. 만일 돈을 곧바로 군문에 획급한다면 또 끝없는 폐단이 있게 됩니다.
> —『영조실록』 권79, 영조 29년(1753) 2월 21일

위의 기록은 1753년(영조 29) 균역법이 실시된 이후 설치한 균역

청에서 거두어들인 상평통보가 다른 현물에 비해 많았고 실제 쌀을 군대에 보내주어야 하나 보내줄 쌀이 없어 걱정하는 내용을 담고 있다. 상평통보를 거둬들인다고 해서 문제가 될 것은 없으나 항상 쌀 가격이 유지되지는 않았기 때문에 상평통보를 가지고 필요에 따라 쌀을 균역청에서 구입하는 것은 또 다른 손해나 혹은 번거로운 수고가 더해질 수 있었다.

따라서 균역청에서는 필요한 물품을 현물 그대로 받아들이길 원했고 그에 비해 백성들은 상평통보를 납부하고자 하니 이에 대한 문제를 해결해 달라는 상소였다. 쌀과 상평통보의 사이에서 가격 차이로 인한 이익의 변화는 지속적으로 관이나 백성 사이에 나타나고 있었다. 그때그때 날랐던 가격 차이는 백성들에게도 상평통보를 사용해 세금을 납부하는 것이 더 이득이 되었고 이를 활용한 요구는 지속적으로 등장하고 있다.

7

이익의 극대화

: 주전이익

상평통보를 만들면서 정부는 무엇을 기대했을까? 원료를 수입해 상평통보를 제작하면 정부는 손해를 봤을까? 아니면 동전을 만들면서 이익을 봤을까? 이익을 봤다면 상평통보를 연속해서 제작하는 것이 국가에 도움이 되었으므로 주전을 꺼릴 이유가 없을 것이다. 연대기 자료에 나오는 기사를 통해 본다면, 정부는 상평통보를 만들어 유포시키면서 이익을 봤던 것으로 기록되어 있다. 하지만 상평통보를 충분히 만들기엔 주원료인 구리가 부족했고 각종 제작 비용이 오르고 있던 상황에서 주전을 통해 이익을 보는 것은 점점 더 힘들어지고 있었다.

상평통보의 가격 결정에 가장 큰 영향을 주는 것은 주원료인 구리였다. 구리의 가격은 당시 공용 화폐인 은으로 표기되었는데, 특이한 점은 당시 일본에서 수입하는 구리 가격이 동북아시아에서 거의 동일하게 가격이 유지되고 있다는 점이다. 일본 입장에서 보자면 이익을 위해 수출용 구리 가격은 더 높아야 할 것으로 보이는데 현실은 그렇지 않았다. 일본의 구리 생산량이 정점을 찍었던 1700년 전후의 가격 추이를 보자.

1698년 이후 중국으로 수출된 구리 가격은 은 10냥 정도에서 가격이 결정되고 있었다. 운송비 등을 고려한다면 구리를 수출하고 있던 일본의 자국 내 가격과 거의 같은 수준에서 형성된 것으로 보인다.[17] 조선의 경우 수입된 구리 가격은 상평통보가 한창 제작되고 있던 시기인 1679년(숙종 5)의 경우 은 1냥당 7근 정도의 구리와 교환되고 있었다. 『승정원일기』의 기록에 따라 환산해 보면 은 1냥으로 구입한 구리로 약 1,050문 정도의 동전을 제작할 수 있다고 보았다. 여기에는 물리적인 환산식이 적용되었을 뿐 제반 비용에 대한 내역은 들어가 있지 않다. 약 20% 정도를 연료비나 인건비 등으로 제할 경우 약 800문 정도의 동전이 은 1냥으로 구입한 구리로 제작할 수 있는 실질적인 동전의 양이라고 볼 수 있을 것이다. 이는 현실적으로 조선에서도 일본과 같은 가격에 구리를 공급받고 있었다고 볼 수 있다.

일본으로부터 구리를 수입하고 있었던 청나라에서도 가격은 거의 유사했다. 17세기 후반 수입 가격을 기준으로 은 1냥으로 제작할 수 있는 동전의 수량을 조사해 보니, 가격의 등락에 따라 차이는 있지만 약 800~1,000문 정도의 동전을 만들 수 있는 것으로 확인되었다. 그런데 동일한 가격조건과 유사한 환경에서 동전을 제작한 조선과 청나라에서 보이는 동전의 공정 가격은 큰 차이를 보이고 있다. 이것이 의미하는 바는 무엇일까? 조선에서 상평통보를 제작하고 시장에 공표한 가격은 은 1냥당 동전의 비율을 전문 400문 수준에서 동결시키고 있다.

> 대신과 비변사의 여러 신하들을 만나보고 비로소 상평통보를 사용하는 것을 허락하였다. 돈은 천하에 통행하는 재화인데 오직 우리나라에서는 누차 행하려고 했지만 행하지 못하였는데 그 이유는 동전이 우리나라에서 생산되는 것이 아니었고 백성들의 풍속이 중국과 달랐기 때문이다. (중략) 상평통보를 주조하여 400문을 은 1냥의 값으로 정하여 시중에 유통하게 하였다.
>
> —『숙종실록』권7, 숙종 4년(1678) 1월 23일

그러나 정부에서는 상평통보를 발행한 지 1년이 채 지나지 않은 1675년(숙종 5)에 동전 가격을 은 1냥당 200문으로 은에 비하여 상향시키고 있다. 이는 은으로 구입할 수 있는 구리로 800문 정도를 생산해서 시장에 발매할 때는 200문 혹은 400문만 내놓는다는 것을 의미한다. 정부의 입장에서는 제작은 800문 정도 발매는 200문 정도만 한다면 그 차이만큼 이익을 볼 수 있는 것으로 이해할 수 있다. 실제 은과 구리동전의 비율은 1:800 정도인 것을 감안한다면 당

그림 17
한·중·일 은전비가의 변동표

시 조선 정부에서는 상평통보를 제작하여 많게는 600문 이상의 이익을 가져갔다는 것을 의미한다.

물론 시간이 지나면서 동전의 가격은 1680년(숙종 6)에 자연스럽게 민간에서 은 1냥으로 전문 800문을 교환할 수 있는 수준으로 내려가 있었다. 당시 기록에는 서울에서 동전이 적체되었고 상평통보의 양이 많아지면서 일시적으로 가격이 하락하였다고 보고 있다. 하지만 이는 수입 구리 가격을 고려한다면 정부의 인위적인 가격 조정에 대한 반발이라고 보는 것이 더 적합한 해석으로 보인다. 청나라에서는 은으로 환산된 동전의 가격은 800~1,000문 정도로 등락을 거듭했으며 일본의 오사카 지역에서도 1천 문 정도로 은에 비교한 동전의 가격이 등락을 거듭하고 있다. 상황이 이렇다 보니 조선에서는 청나라에서 동전을 수입할 경우 큰 이득을 볼 수 있었다. 청나라 동전을 그대로 수입해 사용한다면 가장 좋은 시나리오가 되겠지만 동전을 수입해 원료만 확보할 수 있어도 조선에서의 상평통보 가격을 본다면 큰 이익이 될 수 있었다.

실제 당시 조선에서는 청나라에서 동전을 조선으로 몰래 들여오다가 적발되는 경우가 나타나고 있었다. 청나라의 동전을 밀수입하여 이익을 보는 사람들이 생기는 것은 조선으로서 묵과할 수 없는 문제였다. 이를 용인하기 시작한다면 관에서 주도하는 화폐유통책이 흔들릴 수 있었기 때문이었다. 따라서 조선에서는 세납으로 상평통보를 납부하고 상평통보가 아닌 다른 동전으로 세금으로 납부하는 것을 원천적으로 금지시키고 있었다.

상평통보를 통해 이익을 극대화하려는 관의 의도에 따라 상평통보의 가격은 정해지고 있었다. 하지만 민간에서의 반응에 따라 관에서도 상평통보의 가격을 고정하지 않고 변동시켜 갔다. 〈표 1〉은 조선에서 유통된 상평통보의 가격변동을 나타낸 것으로 은 1냥에 적게는 2냥 많아도 5냥을 넘지 않았음을 확인할 수 있다.

연도	동전/은(1냥)	전거
1679	2냥	『승정원일기』 숙종 5년 2월 3일.
1679	4냥	『승정원일기』 숙종 5년 9월 21일.
1682	2냥	『승정원일기』 숙종 8년 3월 29일.
1700	5냥	『승정원일기』 숙종 26년 2월 20일.
1701	3냥	『승정원일기』 숙종 27년 2월 10일.
1727	2냥	『승정원일기』 영조 3년 윤 3월 16일.
1730	2냥	『승정원일기』 영조 6년 5월 30일.
1731	2냥	『승정원일기』 영조 7년 10월 1일.
1731	2냥 5전	『승정원일기』 영조 7년 11월 2일.
1742	1냥 8-9전	『승정원일기』 영조 18년 4월 17일.
1742	2냥	『승정원일기』 영조 18년 6월 19일.
1769	2냥	『승정원일기』 영조 45년 1월 16일.
1795	3냥 7전	『승정원일기』 정조 19년 10월 10일.
1798	3냥 3전	『승정원일기』 정조 21년 8월 22일.

구입한 원재료로 만들 수 있는 동전의 양을 생각해 본다면 조선에서는 상평통보의 주전을 하면 할수록 이익을 취할 수 있는 구조라고 할 수 있다. 쉽게 말해 구입한 상평통보의 재료로 만든 동전으로 훨씬 값비싸게 가치를 책정하여 민간에 배포한 것이다. 그 나머지는 관에서 따로 챙겼으므로 그만큼 관에는 이득이 발생했던 것이다. 당시 관에서도 주전을 통해 얻는 이익을 확인하고 있었다.

〈표 2〉 상평통보 제작 시 주전이익 관련기사

연도	주전이익율	전거	비고
1679	50%	『승정원일기』 14책, 숙종 5년 9월 18일.	
1723	거의 없음	『승정원일기』 30책, 경종 3년 5월 2일.	구리 가격의 급등이 주된 이유
1731	50%	『승정원일기』 79책, 정조 3년 1월 9일.	호조
1727	20%	『승정원일기』 35책, 영조 3년 11월 5일.	은전비가의 조정을 통해 이익을 산출. 自今以後, 銀一兩價以錢二兩爲定, 錢二兩利, 則以什二生殖爲定, 則公私用錢, 似無不便之端, 錢則決不可罷
1731	50%	『승정원일기』 79책, 정조 3년 1월 9일'의 기록에 의거.	호조
1750	37.5%	『승정원일기』 50책, 영조 26년 11월 23일.	
1751	60%	『금위영등록』 권54, 임신 5월.	주전기간 짧음(3개월)
1752	60%	『비변사등록』 59책, 영조 28년 7월 1일.	어영청(주전기간 1년 4개월: 『어영청등록』 참고)

〈표 2〉는 상평통보를 제작하는 과정에서 관에서 밝힌 주전이익과 관련된 기사를 모은 것이다. 해당 기사에는 주전에 투입된 원료, 연료비, 노임 등 자세한 내역은 밝혀져 있지 않아 정확한 주전이익에 관련된 정보를 파악하기는 힘들다. 일부 기사에서는 단순히 투입된 원료 즉 구리와 생산한 상평통보의 수량만을 기록한 기사도 있다. 즉 정확히 말하자면 실제 주전을 통해 국가가 얻었던 주전이

익이라고 보기엔 힘들 수도 있다. 하지만 해당 기사를 통해 드러나는 것은 대부분 주전을 통해 관에서는 주전을 통해 이익을 얻고 있었다는 점은 명확해 보인다.

화폐의 재정적 역할

민간에서 화폐가 널리 활용되었던 것은 이미 확인하였다. 아직 충분하게 공급하지는 않았지만 민과 관에서 널리 상평통보가 사용되기 시작해 이제 상평통보는 하나의 주요한 통화로 자리 잡고 있었다. 그런데 관에서는 왜 일본과의 무역을 통해 구리를 구입하고 군대를 동원하여 때로는 힘든 주전 사업을 수행하고 있었을까? 현실적으로 상평통보를 주전하고 가장 많이 상평통보를 이용한 것은 관서였다.

1788년(정조 12)『승정원일기』기록에 따르면 당시 서울에 있는 군문이나 관서에서 거둬들이는 상평통보의 양은 상당한데, 그 가운데 한 둘 정도나 다시 지출되고 있다고 보고하고 있다. 이는 시중의 동전이 귀해지는 가장 중요한 원인으로 관서에서도 확인하고 있는 것이다. 실제 다른 관서에서도 세금이라는 형태로 상평통보를 거둬들이다 보니 관서에 축장되는 상평통보는 점점 많아지고 있었다. 현실적으로 관서에서 상평통보를 세금으로 받아들이고 이를 창고에 보관하여 사용하는 것은 보관성이 좋았던 이유가 가장 컸다. 대규모 예산을 쌀이나 면포가 아닌 상평통보로 받으면서 재산의 손상 없이 보관이 가능했기 때문이다. 또한 상평통보를 적절한 시기에

사고팔면서 얻을 수 있는 시세차익도 상당했기 때문에 관서에서 상
평통보를 마다할 이유는 없었다.

특히 쌀이 부족하거나 현물이 부족할 때 상평통보를 활용함으로
써 재정적인 탄력성을 상평통보가 가져다줄 수 있는 장점이 있었
다. 오늘날 기획재정부에 해당하는 호조의 재정장부『탁지전부고度
支田賦考』를 보면 이러한 내역을 보다 확실하게 확인할 수 있다. 〈그
림 18〉의 그래프에서 보이는 바와 같이 상평통보가 널리 확산되었
지만 호조의 예산에서 쌀이 차지하는 비중은 50%를 상회하고 있었
다. 쌀은 주식이었고 상평통보만큼이나 쌀의 활용도는 여전히 높았
다. 18세기 후반 서울에서 소비하는 한 해 동안 쌀의 총량을 100만
석으로 기록한 내역도 있었다. 하지만 매년 100만 석의 쌀을 소비

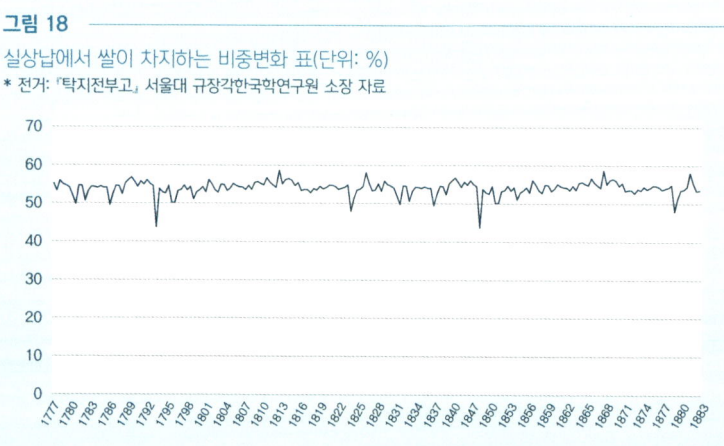

그림 18

실상납에서 쌀이 차지하는 비중변화 표(단위: %)
* 전거: 『탁지전부고』 서울대 규장각한국학연구원 소장 자료

할 수 있도록 공급을 유지하는 것은 어려운 일이었다.

특히 쌀의 공급은 매년 일정하게 유지되지 않았다. 당시 농업은 조선의 가장 주된 산업이었고 그중에 벼농사는 농업의 핵심 가운데 핵심이었다. 하지만 벼농사는 제아무리 수리시설을 잘 갖추었다고 해도 기상 조건이 허락하지 않는다면 한 해 농사를 망칠 수밖에 없었다. 즉 매우 높은 위험부담이 항상 상존하고 있었다. 특히 전근대와 같이 수리시설이 잘 갖춰지지 않은 상황에서 매년 안정적으로 일정한 수확을 기대하는 것은 어려운 일이었다. 그밖에 홍수나 기온 등 매해 들쭉날쭉 찾아오는 재해는 일정한 생산량을 기대하기 힘들게 만들었다. 관에서는 망쳐버린 농사로 쌀을 더 이상 수확할 수 없는 상황에서 필요한 예산을 마련하기 위해 동전을 활용했다.

그림 19

호조의 지출내역 '용하조用下條' 분석(단위: %)

* 전거: 『탁지전부고』, 서울대 규장각한국학연구원 소장 자료

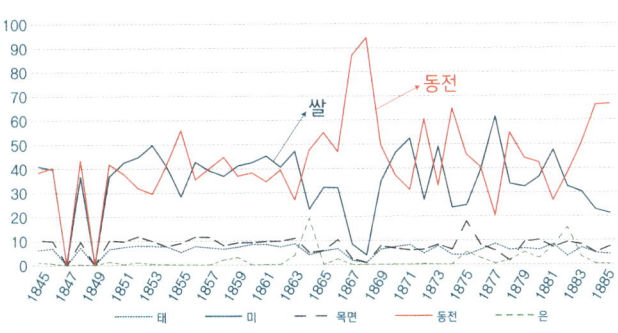

〈그림 19〉는 호조에서 지출한 물종을 상평통보의 공정가격으로 환산한 이후 그래프로 나타낸 것이다. 지출한 물종은 쌀과 상평통보가 가장 많은 비중을 차지했고 그 밖에도 태[苧], 목면, 은銀이 있었다. 호조에서도 쌀과 상평통보를 주요한 재정 물류로 거의 대부분에 활용하고 있었다. 그런데 쌀과 상평통보는 사용에 원칙이 있었다. 가장 큰 특징은 그래프에서 보는 바와 같이 동전과 쌀은 정확하게 비례하며 부족한 내역을 보완해 주고 있다.

상평통보라는 동전은 결국 쌀이 부족하면 쌀 대신 사용할 수 있었던 보완재로 역할하고 있었던 것이다. 현실적으로 쌀은 재해가 들면 구할 방법이 없지만 동전은 재해와 관계없이 구할 수 있었던 이유가 가장 컸다. 즉, 상평통보는 국가의 재정 기구에 탄력적 운영을 가능하게 해주었던 역할도 수행하고 있었다. 호조를 비롯한 관서에서 항상적인 예산을 재해를 핑계로 무조건 삭감할 수는 없지 않은가? 재해가 들어 수입이 줄 경우 쌀 대신 상평통보를 사용하다 보니 민간보다 국가에서, 좀 더 자세하게는 재정기구에서 상평통보는 더 많은 효용이 있었던 것을 위의 그래프에서도 확인할 수 있다.

8

상평통보의 시련

어렵게 원료를 구해 상평통보를 만들어 유통시켰지만, 상평통보는 유통되는 내내 일단 생산량부터 충분하지 못했다. '상평통보'라는 이름 그대로 물가를 조절하는 등 역할을 톡톡히 해줄 것을 기대했지만 서울뿐만 아니라 지방에서도 가장 중요한 쌀값은 계절에 따라 널뛰기를 거듭하고 있었다. 교환수단으로 상평통보가 활용되며 많은 변화가 나타나기는 했지만 백성들의 대부분은 상평통보가 없이도 살아가고 있었다. 그리고 어쩌면 모든 사람들이 부족함 없이 동전을 사용할 수 있는 상황은 전근대 사회에서 애초에 불가능한 일이었을지 모르겠다. 재정기구에서 효용은 상당했고 조선을 500년간 유지하는 데 상평통보의 역할은 나름 지분이 있다. 지속된 기간과 그 역할에 비해 상평통보는 계속해서 지속적인 유통에 시련을 맞이하고 때로는 극복하고 있었다.

부족한 원료, 무역의 제한

상평통보 유통에 있어 가장 큰 시련은 원료 부족이었다. 한반도가 아닌 일본열도에서 구리를 수입해야 했던 점이 가장 큰 약점 가운데 하나였다. 이웃 국가들 사이의 경쟁도 문제였지만 일본이 과도한 구리 유출을 방지하기 위해 실시한 수출금지 정책이 더 큰 몫을 차지하고 있었다. 일본에서는 과도한 수출로 인한 자원 유출을 염려하여 구리의 무역을 제한하고 있었다. 1700년 이후 많게는 생산한 구리 대비 수출량이 최대 72%까지 상승했던 것이 이를 잘 보여준다. 이러한 수치는 일본에서 당시 생산된 구리의 대부분이 해외로 나갔다는 것을 의미하기도 했다. 이에 일본에서는 가장 먼저 1697년 약 5,300톤으로 구리 수출 상한선을 정하여 해외 유출량을 최소화하고자 했다.

제한 조치에도 불구하고 구리 수출이 줄지 않자 막부에서는 정덕신령貞德新令을 1715년에 반포하였다. 이는 무역허가증인 '신패信牌'를 가진 선박만 나가사키 등 네 곳의 항구에 출입할 수 있게 하고 나가사키를 통해 수입할 수 있는 구리의 양도 제한하는 조치를 포함하고 있다. 중국도 주전을 하기 위한 구리를 일본에 의존할 수 없게 되었다. 정덕신령은 이전의 보호무역 정책처럼 수출하는 구리의 양도 제한하였지만 입항하는 배의 숫자를 규제하여 원천적으로 구리를 비롯한 귀금속의 유출을 막으려고 했다. 정덕신령이 시행되기 이전인 1700년, 막부는 네덜란드 선박의 입항을 연 4척으로 제한하였다. 그러나 이 조치에도 불구하고 유출되는 구리의 양이 줄어들지 않고 생산량마저 줄어들자 정덕신령을 추가로 반포하여 과도한 수출을 막고자 하였다. 연이어 발표한 무역 보호책으로 1715년 이후에는 한 해 동안 입항하는 배를 두 척으로 막을 수 있었고 그 결과 전체적으로 한 해 동안 수출하는 구리를 650,000근으로 한정할 수 있었다.

원료 부족은 조선에서 전황으로 이어졌다. 돈이 부족하여 오히려 돈이 수단이 아닌 목적이 되어버리는 상황도 나타나고 있었다. 예를 들면 돈을 구하기 위해 땅을 판매하는 경우가 바로 그것이었다. 이러한 폐단이 지속되니 18세기 중반 영조 대에는 동전을 사용함으로써 오히려 백성들이 동전을 구하느라 어려움을 겪는다고 보아 1727년(영조 3), 1729년(영조 5) 그리고 1734년(영조 10) 세 차례에 걸쳐 동전 대신 면포를 공식 화폐로 다시 복구시키는 '순목령純木令'을 시행하기도 했다. 백성들이 동전 확보에 어려움을 겪고 있었기에, 면포를 공식 화폐로 정하면 최대 동전 수요가 가장 큰 재정기관의 소요량을 줄일 수 있다고 판단했기 때문이다. 첫 번째 순목령은

4개월간 지속되었고, 두 번째 순목령은 약 1년 정도, 세 번째 순목령은 1년 4개월에 걸쳐 지속되었다. 세 번째 순목령이 가장 오래 유지되었지만 1년 안팎의 기간이 지나 순목령을 철회하고 있다. 당시 순목령과 동전으로의 회귀가 반복되었던 것은 동전이나 동전 이외의 수단일지라도 세금의 수단으로 활용될 경우 백성들이 어려움을 겪는 것은 마찬가지였기 때문이다. 동전이 유통된 지 어느 정도 시간이 지난 시점에서 급격한 동전폐기 정책은 또 다른 혼란을 야기하고 있었다.

매년 주전: 이상적 주전계획

상평통보는 수효가 부족했지만 민과 관에서 모두 필요한 것임에 분명했다. 필요한 동전의 수효를 맞추기 위해 정조는 매년 주전을 하려는 '연례주전법年例鑄錢法'을 계획했다. 하지만 실제로는 1775년, 1785년, 1787년, 1791~1794년, 1797~1798년에 주전을 간헐적으로 실행할 수 있었다. 특히 정조는 왜동倭銅의 수입 부진으로 주전을 하지 못하는 상황을 한탄하며 이를 해결하고자 한반도에 새로운 동광을 개발하려고 시도하였다.

하지만 생산기술의 획기적인 개발이 없이는 불가능한 일이었다. 이미 이전부터 국내에서 생산되는 구리의 양은 매우 제한적이었고 상평통보의 생산량도 줄어들 수밖에 없었다. 채굴하는 기술이 많이 향상이 되었다고 하더라도 영조 대에 한반도에서 생산되는 구리량은 하루에 30근 정도라고 기록하고 있다. 매일 채굴이 가능한지 확인하기는 힘들지만 만약 매일 채굴을 해 300일 정도 구리를 생산한다고 가정할 때 조선에서는 한 해 동안 약 9천 근 정도의 생산량을 보이는 것이다.

상평통보가 유통되는 시기였던 1683년(숙종 9)에 1년 동안 조선에서의 구리 수요를 약 4만 근, 현대의 단위로 환산한다면 240톤 정도인데 위의 생산량이라면 한 해 동안 필요한 구리 수요의 2% 정도를 겨우 공급하는 상황이었다. 특히 관서나 재정 물류로 상평통보를 일부 할당하였던 만큼 정부 관서에 동전이 축적되어 시장에 동전이 없다는 한탄은 흔한 것이 되어버렸다.

차라리 동전을 없애라!

상평통보가 전역에 확산이 되고 있었고 민간의 기록을 통해서도 상평통보를 실제 널리 활용하고 있음을 확인할 수 있다. 그러나 오늘날의 화폐와 같이 상평통보는 민간에 편리함만을 가져다주는 것은 아니었다. 가볍고 지니기 편한 장점은 분명히 상평통보가 가지고 있지만, 실제 상평통보가 유통되기 시작하면서 오히려 상평통보의 유통을 불편하게 받아들이는 계층이 생겨났으며 유통과정에서 생각지 않았던 문제들이 나타났다. 일부에서는 상평통보가 없었다면 불편함이 사라지지 않겠느냐는 논의들도 등장하고 있다. 그리고 더 나아가 유통되고 있는 상평통보를 시장에서 없애야 당내의 문제를 해결할 수 있다고 주장하는 '폐전론廢錢論'이 등장하고 있다.

물론 상평통보는 가볍고 보관이 용이해 일상에서 많은 이용의 편의를 가져다주기도 했다. 그러나 이에 못지않게 상평통보를 이용한 많은 폐단이 발생하고 있었다. 특히 이미 부를 축적하고 있던 이들에게 상평통보는 또 다른 부를 축적할 수 있는 여지를 남겨주었고 이를 이용하여 백성들에게는 폐단을, 그들에게는 새로운 이익을 가져다주고 있었다. 대표적인 것이 바로 환곡을 통한 이익 추구 행위였다.

환곡은 환자[還上]라고도 불리는 제도로 가을에 추수한 곡식을 거의 소비하였던 봄에 곡식을 대여해주는 어찌 보면 백성을 위한 제도였다. 하지만 가을에 1/10의 이자[耗穀]를 받았던 만큼 관에서는 이자만을 노리고 환곡을 이용하기 시작했다. 여기에 봄가을의 시세 차이를 동전을 통해 추구하면서 백성들에게 환곡과 상평통보는 가렴주구의 상징처럼 인식되고 있었다. 아래의 사례는 상평통보와 환곡을 이용하여 백성들에게 이익을 추구하였던 관리의 폐단을 잘 보여주고 있다.

이때 감사가 봄·여름에 감영監營의 환모곡還耗穀을 발매發賣한다고 핑계하고서 먼저 비장裨將을 연해의 쌀이 귀한 곳에 보내어 쌀값을 비싸게 정한 다음 각 고을의 원래의 환미還米를 내어 제 마음대로 돈을 징수하면서, 한 곡斛의 값에서 각각 1, 2냥을 덜 내었으며, 또 소민小民에게 나누어 주고 가을을 기다려 쌀을 바치게 하였으니, 이것이 이른바 전환錢還이었다. 군현郡縣에서는 이것을 빙자하여 또한 사리私利를 도모하였는데, 호남湖南 지방에서 더욱 심하였다.

　　　　－『영조실록』 권124, 영조 51년(1775) 1월 19일

쌀과 면포와 같은 현물의 가격은 등락을 거듭하는데 정부에서 공시한 가격은 고정되어 있고 이를 이용한 관의 이익 추구 행위는 계속되고 있었다. 쌀과 면포와 같은 현물과 상평통보의 공존은 꽤나 많은 불협화음을 내고 있었다. 백성들뿐만 아니라 관에서도 의식의 주재료였던 쌀과 면포를 포기할 수 없었기 때문이다. 관에서도 현물은 중요한 재원으로 차지하는 비중이 높았다.

예를 들어 당시 정부에서는 군역과 관련된 세금은 면포를 고집하였다. 군문에서는 군복의 재료로 면포가 활용되었으므로 군이 상평통보를 거둘 필요가 없었다. 또한 쌀은 주식이었고 하루하루 일정량이 반드시 필요했다. 따라서 필요한 쌀을 확보하기 위해 중앙 관서 그리고 지방에서도 쌀을 꼭 특정하여 상납받는 세금으로 강제하기도 했다. 제아무리 상평통보가 편리한 기능을 가지고 있다 하더라도 아직 쌀과 같은 현물이 필수적이었다. 국가에서도 결국 이러한 불편을 해결하기 위해 지역별로 배분을 달리하여 상평통보나 쌀, 그리고 면포와 같은 현물을 받아들이고 있었다. 조선 후기 세금의 분포를 확인하기 위해 대동법으로 거둬들이던 세금 내역을 확인해 보면 이러한 상황이 잘 드러나고 있다.

1608년(광해군 1) 경기도에서 대동법이 처음 실시되면서 이를 관리하는 선혜청宣惠廳이 설치되었다. 선혜청에서는 공물 대신 쌀로 모든 세금을 통일하여 백성들의 불편함을 덜어주고자 시도했다. 하지만 모든 세금을 원칙대로 쌀로 운영하지는 않았다. 상평통보가 발행되면서 선혜청에서도 상평통보와 쌀, 그리고 면포를 각 지방별로 배분하여 운영하였다. 당시 영남 지방의 경우 3/5은 쌀, 1/5은 면포 그리고 나머지 1/5은 상평통보로 상납하도록 규정한 바 있다. 호남의 경우는 약간 달랐는데 4/6를 쌀, 1/6은 면포 그리고 나머지 1/6은 상평통보로 규정했다. 호서 지방은 12/15를 쌀로 강제했는데, 이는 삼남 지방 가운데 가장 많은 비중의 세금을 쌀로 납부하게 한 것이다. 나머지 2/15는 면포 그리고 가장 적은 1/15을 상평통보로 정하고 있다.

당시 서울에서 비교적 근접한 호서 지방에서 쌀을 더 많이 거두었던 것은 당시 서울로 세금을 올려보내기 위해 태안반도 근처의 안흥량이라는 곳을 통과하며 많은 해상사고가 났던 이유로 추정해 볼 수 있다. 안흥량을 지나며 많은 배들이 침몰했고 이러한 이유로 조선 초기에는 경상도에서 상납하는 쌀은 해당 지역에서 왜와 교역하는 데만 활용하기도 했다. 호서 지역은 지역적으로 안흥량을 통과하지 않아도 세금을 납부할 수 있는 곳이었으므로 비교적 다른 지역보다 많은 양의 쌀을 세금으로 납부하고 있었다. 그만큼 서울에서 필요로 하는 곡물이 확보되어야 했고 지역적 배분을 통해 확보하고 있던 것으로 볼 수 있다. 어찌 되었건 1678년 이후 상평통보가 사용되면서 편리함 때문에 무조건 상평통보에만 의존했을 것 같지만 현실적 필요에 따라 상평통보와 현물은 공존하고 있었다.

가격의 문제

현물과 상평통보가 동시에 사용되면서 나타나는 가장 큰 폐단은 관에서 게시한 가격과 실제 가격의 차이가 발생한다는 점에 있었다. 수요에 따라 쌀과 상평통보를 동시에 취급해야 했던 정부에서는 쌀과 같은 현물을 상평통보로 공식 가격을 정해줘야만 했다. 상평통보를 내는 사람이나 현물을 내는 사람 양쪽에서 불평이 없애기 위해서라도 필요한 조건이었다.

하지만 쌀의 경우 정해준 가격이 전국적으로 통일되는 것은 매우 힘든 일이었다. 쌀가격의 경우 심지어 바로 인접한 고을에서도 가격은 다르게 형성되고 있었다. 이는 19세기까지 지속된 현상으로 전문적인 상인이 아니더라도 쌀 가격은 일반인들에게 초미의 관심사 가운데 하나였다.

울산에 거주하던 심원권沈遠權(1850~1933)의 경우 조선 후기부터 식민지까지 살았던 향촌의 한미한 양반이었는데, 심원권은 매번 장에 가서 쌀을 비롯한 콩, 참깨 등 현물의 가격을 일기에 조사해서 적고 있다.[18] 평생 울산 지역을 벗어나지 않았고 과거에 응시했지만 낙방하여 지역에 거주했던 심원권이지만 주변 장터의 곡식값은 일기에 기록할 정도로 물가에 민감하게 반응했다. 물론 심원권이 곡식을 매매하여 이득을 볼 정도로 대규모 농사를 지었던 것도 아니었다. 하지만 곡물 가격은 도보로 인근 장터를 이동했던 심원권에게도 늘 관심을 가져야 할 정도로 통일되지 않고 있었다.

쌀 가격의 변동은 해당 시기 해당 지역에서 상평통보로 세금을 부과하는지, 아니면 쌀로 내야 하는지 물가에 따라 백성들은 큰 손해를 혹은 큰 이익을 볼 수 있는 문제와 직결되었다. 이러한 상황에서 현물과 화폐를 거둬야 하는 정부가 어떻게 쌀과 같은 현물과 상평통보의 가격을 공평하게 정하는가는 중요한 현안이었다. 물론 시장이 전국적으로 통합되어 있어 모든 물종의 가격이 어느 정도 일정하다면, 혹은 시기별로 가격의 차이가 없다면 물종 간의 가격에 대한 문제는 없었을 것이다. 하지만 전근대 시기 특히 소선시내에는 현물의 시장가격이 시간과 공간에 따라 큰 차이를 보이고 있었다. 전근대 시기 이러한 현상을 인위적으로 조정하기엔 방법이 없었다.

물가 차이를 극복할 교통수단이 가장 큰 열쇠였는데 전근대시기 이를 복원할 수단은 없다고 해도 과언이 아니었다. 만약 시장이 서로 통합되어 가격 차이가 난다면 쉽게 물량을 이동시킬 수 있고, 그 결과 어느 지역이든 거의 유사한 현물 가격을 보인다면 국가로서도 공정가격을 쉽게 정해 세금을 부과하는 데도 어려움이 없을 것이다. 하지만 전근대 사회 교통수단은 육로에서 기껏해야 당나귀와 같은 동물을 활용하는 수단이 유일했다. 물가의 척도가 되는 쌀은 무게도 상당하여 운송비가 추가될 수밖에 없었다. 따라서 산간지방이나 혹여 재해를 일시적으로 입은 곳에서 쌀 가격이 다른 지역보다 상승하더라도 쌀을 공급해 가격을 낮추는 것은 불가능에 가까웠다. 지역별로 나타나는 물가의 차이 특히 쌀 가격의 차이는 전근대 국가에서 어찌 보면 운명적인 현상일 수도 있다.

결국 이러한 현물과 상평통보의 가격 차이는 유리한 쪽에 따라 상인들이 움직일 수 있는 계기가 되었고 대량으로 쌀이나 상평통보를 사서 가격 차이가 나거나 혹은 세납해야 하는 물종이 정해진 곳에서 이득을 취할 수 있는 구조가 만들어지고 있었다.

상인들에게만 기회는 아니었다. 물가를 안정적으로 조절해야 할 관서에서도 필요한 경비를 마련해야 했으므로 위기를 기회로 활용하기 시작했다. 늘어난 재정을 충당하기 위해 가격 차이를 이용하였고 백성들로부터 이익을 추구하는 행위를 서슴지 않았다. 예를 들어 춘궁기와 같이 쌀가격이 높아질 때는 쌀값에 따라 세금을 거두고, 추수기에 곡식의 가격이 떨어지고 동전의 가격이 상대적으로 높아질 때는 동전값을 기준으로 쌀을 거두며 이윤을 극대화할 수 있었던 것이다.

백성들은 상평통보로 계산된 쌀 가격에 따라 달라지는 쌀의 양을 변동시키는 것이 유리했지만, 관서에서는 관서의 이득을 극대화하기 위해 이러한 방법으로 조세를 거두고 있었다. 실제 당시 이러한 시세차익을 통해 이윤율이 다섯 배까지 치솟아 동전을 많이 축장하고 있던 관서와 군문에서 얻는 이득은 상당히 증가했다.

악순환의 반복

　세액은 부족해지고 정부에서 사용할 예산도 부족해지고 있었다. 안정적으로 세금이 공급된다면 모르겠지만 이마저도 여의치 않았다. 백성들에게 야속할지 모르겠지만 정부는 '쌀이 천하고 동전이 귀한 시기[米賤錢貴]' 즉, 추수기에 곡식의 가격이 떨어지고 동전의 가격이 귀해질 때에는 동전값을 기준으로 쌀을 거두어 이윤을 극대화시키고 있었다.

　뿐만 아니라 상평통보로 세금을 거두면서 오늘날과 같은 화폐유통이 수월하지 않아 생기는 문제도 덧붙여졌다. 동전납은 앞서 언급한 바와 같이 세금의 일부를 상평통보로 수납하는 제도였으므로, 지방에서 서울의 관서로 상평통보가 지속적으로 유입되는 구조였다고 볼 수 있다. 지방에서 매년 올라오는 세금이 상평통보로 정해질 경우 서울에 누적되는 상평통보는 관서에 축장될 수밖에 없었다.

　정조 말 1794년 간행된 『부역실총賦役實總』이라는 자료의 내역에 따르면, 당시 통계에서 빠진 강원도와 황해도의 사례를 제외한 전체 부세액 가운데 동전납으로 지역에서 납부한 부세액은 300만 냥이 넘었다. 이 가운데 서울로 상납되는 액수는 상평통보로 130만

냥이 넘어 전체 상평통보로 거둔 부세액 가운데 약 42% 정도가 서울로 올라오고 있었다.

이러한 상황은 조정에서도 충분히 공감하고 있는 부분이었다. 아래의 예문은 1782년(정조 6) 11월 정상순鄭尙淳(1723~1786)이 당대 상평통보가 관서에 축장되어 민간에서 어려움을 겪는 내용을 아뢴 것이다.

> 정상순이 아뢰기를, "동전이 대개 물이나 불과 같이 손실
> 을 입는 것이 아니라는 것인데 근래의 서울과 지방에서는
> 돈의 부족현상[錢荒]이 매우 심합니다. 이러한 원인은 오로
> 지 군문이나 지방의 영읍에서 거두고 보관하기만 하여 다
> 시 내어주지는 않기 때문입니다. 비록 전처럼 과다하지는
> 않더라도 적당하게 돈을 꾸어주는 방식을 채택한다면 부분
> 적으로 폐단을 구할 수 있을 것입니다."라고 하였다.
>
> —『비변사등록』 정조 6년(1782) 11월 7일

정상순은 민간의 상평통보 부족 현상을, 군문과 관서에 납부되어 축적된 동전이 민간으로 다시 환류되지 않는 것이 원인이라고 진단했다. 이에 민간에 돈을 빌려주는 형식[債錢]으로 상평통보를

나눠준다면 민간에 전황을 조금이나마 해결할 수 있을 것으로 제안하고 있다.

이러한 정상순의 해결책은 관서나 군문이 위치한 서울 혹은 지방의 일부에는 도움이 될 수는 있을지 모르겠다. 하지만 대부분 한번 서울로 납부한 상평통보가 다시 지방으로 돌아오는 구조는 존재하지 않아 동전의 부족은 지속될 수밖에 없었다.

현실적으로 이러한 상평통보의 부족을 해결하기 위해서는 상평통보를 더 제작하거나 혹은 현존하고 있는 상평통보 가운데 관서에 쌓여 있는 동전을 적당히 민간으로 더 유통시키면 해결될 수 있었다. 조선시대 당시에도 이러한 문제점을 인식하고 있었다.

상평통보가 활발하게 유통되던 시기를 살았던 오달운吳達運(1700~1748)은 전황의 해결책을 관서 지역에 쌓여있는 동전을 어떻게 유통시키느냐에 두었다. 그는 이 문제만 해결된다면 굳이 동전을 추가로 주조할 필요가 없다고 보았다. 물론 이렇게 간단하게 해결될 문제는 아니었지만 당시 전황이라는 문제의 중심에는 관서의 과도한 동전 축장에 있음을 당대에도 명확하게 인식하고 있었던 사실을 보여주고 있다.

국가에서 돈으로 거두어들이고 관리들이 돈을 요구하기

에 보통 매매할 때에 베는 천하고 돈은 귀하며 말과 소는 버
리고 돈을 취하여 이처럼 비등하는 단서가 있게 된 것이다.
만약 관가에서 돈을 요구하는 규례가 누그러지면 백성들이
돈을 탐할 필요도 없고 시가는 반드시 말·소·베로 유통될 것
이다. 어찌 이 때문에 돈을 더 주조할 것이 있겠는가. (하략)

－오달운,『국역 해금집海錦集』,「가주주전편부의加鑄錢便否議」,

국역해금집발간위원회, 1993

물론 관서만 상평통보를 쟁여놓고 문제를 일으키는 것은 아니었
다. 관서뿐만 아니라 민간에서도 상평통보를 쌓아놓고 시세차익을
노리는 사람들이 존재했다. 이들은 백성들이 세금을 납부하기 위
해서라도 상평통보를 반드시 사용해야 하는 상황이 올 것임을 이미
예측하고 있었던 것이다.

모리배들은 이러한 상황을 이용해 상평통보를 축장하고 사람들
에게 비싼 값에 상평통보를 되팔아 이득을 내기도 했다. 상평통보
를 매점매석의 대상으로 삼은 것이라고 보면 수월하겠다. 따라서
오달운이 보기에 당대 상평통보가 부족해지는 것은 수량이 부족한
것이라기보다 구조적인 문제에 원인이 있다고 지적한 것이다. 말이
나 소와 같은 가축으로 교환하자는 것에 방점이 찍힌 것이 아니라

동전의 수요는 관을 중심으로 늘어가고 이러한 규례를 누그러뜨릴 기미는 없다 보니, 결국 동전은 귀해지게 된다고 파악한 것이다.

오달운과 같은 개인뿐만 아니라 동전 부족의 원인에 대해서는 관에서도 그 원인을 명확하게 인식하고 있었다. 특히 아래에서 지적한 것과 같이 세금으로 동전을 강제하면서 동전의 시세마저 세납 시기에 따라 급등하는 문제도 더해졌다. 부족한 돈에 일시적인 수요까지 폭발하면 백성들은 돈이 '웬수' 같지 않았을까?

> 부민富民은 전화를 쌓아 놓고 돈의 시세가 오르기를 기다리고 있으나 빈민貧民은 1년에 수확하는 곡식이 얼마나 되겠습니까마는 공세公稅를 챙겨서 낼 때가 되면 부득이 헐값으로 내다 팔 수밖에 없었으며 조금 풍년이 들었다는 해에도 벼 1석의 값으로 돈 1냥도 받지 못합니다.
>
> — 『비변사등록』 영조 3년(1727) 5월 11일

당시 부유한 계층은 상평통보를 하나의 물품으로 생각하고 곡식과 가격 차이를 이용하고 있었다. 대체 상평통보는 누구를 위해 만들었는지 백성들은 생각했을지도 모르겠다. 문제가 많은 상평통보를 없애야 한다는 논의는 이미 나왔지만 상평통보는 조선이 일본에

외교권을 빼앗겨 재정적인 간섭이 본격화되기까지 사용되었다.

1876년 개항 이후 끊임없이 일제가 없애고 싶었던 상평통보 체제는 강고하게 지속되고 있었다. 이는 상평통보가 그만큼 당시 조선의 시장에서 혹은 재정적으로 충분한 효용이 있었기 때문으로도 해석할 수 있다. 복잡하지만 나름의 역할을 보이지 않지만 충실하게 혹은 꼭 필요한 역할을 오늘날 화폐에 익숙한 우리의 눈에는 잘 보이지 않았던 역할을 수행하고 있었다고 볼 수 있다.

9

상평통보의 퇴장

침략 앞에 선 상평통보

산업혁명이 가져온 기술적 우위는 먼저 몇몇 서양 국가의 끝없는 욕심을 자극했고 이는 제국주의로 발전했다. 로마처럼 제국이 되고 싶었던 유럽의 열강들은 아프리카로 아시아로 향했고 그들의 욕심을 채워줄 식민지를 건설하기 시작했다. 아시아의 동쪽 끝 조선에도 서양의 제국주의는 19세기 들어 영향을 미치기 시작했다. 서양 열강들뿐만 아니라 우리의 의사와는 관계없이 한반도의 종주국을 자처하는 청나라도 마지막 남은 조선을 발판으로 황제국의 무너진 자존심을 세우려 발버둥 쳤다. 또한 청을 물리치고 한반도를 차지하려는 새로운 후발 제국주의 일본도 한반도를 발판으로 대륙으로 진출하려 시도했다.

제국주의의 간섭과 침입은 전근대 오랜 기간 유지해 왔던 질서와 이별을 의미하기도 했다. 전근대적 질서는 자의든 타의든 특히 경제적 침탈을 목표로 세웠던 제국주의의 논리 앞에 무너지고 있었다. 제국주의는 경제적 침탈을 본질적으로 내세우고 있던 만큼 그들의 침략 앞에 특히 화폐제도는 민감하게 반응할 수밖에 없었다. 특히 후발 제국주의였던 일본은 조선의 침략에 훨씬 적극적이었다.

1876년 일제가 개항장을 중심으로 경제적 침입을 가속화하면서 화폐라는 매개에도 관심이 집중되고 있었다. 일제의 입장에서 조선을 경제적으로 지배하고 착취를 가속화하기 위해서는 화폐를 가능하면 일제와 동일하게 통일해야 했다. 조선의 금융자산을 침탈하기 위해서 화폐가 다른 것은 아무래도 큰 장애물이 되었을 것이다. 숙종 초반 이후 조선의 법정화폐로 확고한 위치를 점했던 상평통보는 개항을 전후해 그 위상에 금이 가기 시작했다.

개항 이전 상평통보 체제의 가장 큰 변화는 내부에서도 나타났다. 당시 대원군은 경복궁을 중건하기 위해 당백전當百錢을 발행하기 시작했다. 당백전은 1866년(고종 3)에 만들어지기 시작한 고액전이었다. 당백전은 1866년 11월부터 약 6개월 동안 유통되었으며 금위영에서 주전을 시행하였다. 당시 주전량은 천 5백만 냥에 달했다. 당백전의 액면가는 주화의 실제 가치와는 거리가 멀었고 '당백當百'이라는 주화의 명칭처럼 하나의 동전 한 닢으로 100냥의 가치를 부여한 동전이었다. 물론 당백전의 무게는 이름처럼 실제 100배에 해당하지 않았다. 물론 그 이전에도 당백전과 같은 고액 화폐를 유통하는 방안은 지속적으로 제기되었지만, 현실적으로 10배 정도였지 100배의 동전은 과해도 너무 과한 선택이었다.

과하디과한 당백전 발행의 가장 주요한 원인은 경복궁 중건이었다. 정권을 잡은 대원군이 고종과 민씨 세력과의 경쟁에서 이기기 위해서는 무언가 확실한 정책이 필요했을 것이다. 대원군이 선택한 주요 선택지 가운데 하나는 경복궁 중건이었다. 당시 궁궐은 왕실의 상징이며 권위를 나타내고 있었다. 왕실의 권위를 상징하는 제1의 궁궐이 전란으로 소실된 채 방치된 것을 복원하는 것은 정치적 의미뿐만 아니라 국가의 권위를 세운다는 측면에서 큰 효과가 보장되었을 것이다. 하지만 경복궁을 중건하기 위해서는 자금이 필요했다. 대원군은 경복궁 중건의 최대 난제를 해결하기 위해 당백전을 발행한 것이다. 그러나 현실적으로 액수가 상평통보의 100배나 달하는 고액전은 시중에서 유통되기에 발행하는 쪽이나 사용하는 쪽 모두에게 큰 부담이었다. 역시나 당백전은 시중에서 거의 사용되지 않았고 상평통보라는 큰 체제는 여전히 지속되있다.

문제는 외부에서도 다가왔다. 서양의 제국주의를 모방해 식민지를 건설하고 시장과 원료 수급지를 필요로 했던 일제는 조선의 항구로 다가왔다. 후발주자인 만큼 시장과 원료 수급지를 간절히 원했던 일제는 조선을 경제적으로 착취하기 위해 노력했고 그 통로인 화폐는 반드시 해결해야 할 문제였다. 일제의 입장에서는 개항장에 일본의 은화가 유입되며 상평통보를 몰아내 통화를 잠식하고 싶었을 것이다.

이렇게 유입된 일본의 은화는 개항지나 대도시에서는 유통되기도 했지만 지방에서는 아직 상평통보 외에는 화폐로 활발히 유통되지는 않았다. 뿐만 아니라 당시 개항장에는 미국, 영국 등 서양 제국주의와 통상조약을 차례로 체결하면서 개항장을 중심으로 외국화폐가 유입되기 시작했다. 조선에서도 이들의 통상 요구에 수동적으로만 대처하지는 않았다. 내부에서는 서양과의 통상에 적극적으로 대처하자는 논의도 등장하고 있었다.

실제 여러 국가와 통상조약을 체결하고 이들과 교역이 성사되었다. 막연하게 통상을 반대하기보다는 이들과의 교역을 적극적으로 검토하는 내부의 논의도 등장하고 있었다. 하지만 조선에서는 아직 공식적으로 상평통보만을 유통하고 있었으므로 통상조약을 맺은 국가들과 교역에 어려움을 겪을 수밖에 없었다.

당시 영의정이었던 홍순목洪淳穆(1816~1884)은 개항장을 중심으로 교역이 이뤄지며 발생하는 혼란을 제거하기 위해 금과 은의 유통을 제안한 것이다. 고종도 이에 동의하여 은으로 만든 화폐를 만들어 통용할 것을 명령했고, 1882년 10월 대동삼전大東三錢, 대동이전大東二錢, 대동일전大東一錢 등의 은화를 주조하기로 결정했다. 조선의 입장에서도 새로운 체제하에서 교역을 원활하게 진행하기 위해 상평통보 이외의 동전이 필요했기 때문이다. 대동은전은 상평통보로 인해 생기는 통화의 불편함을 해소하고 국제통화인 은을 재료

그림 20

대동은전, 한국은행 화폐박물관 소장

상평통보와 유사한 형태이나 가운데 구멍이 없고, 발행처 호조를 의미하는 '호戶'가 새겨져
있다.

로 만든 근대적 통화라는데 그 의미가 있을 것이다. 물론 은화를 주
조한다는 것은 일제의 침략을 더 수월하게 해줄 수 있다는 동전의
양면과 같은 의미가 있다.

　하지만 고종은 단순히 막는 것만으로 문제를 차단하기보다는 은
화를 만들어 이익을 취할 부분은 취하는 방향으로 정책을 선회한
것으로 보인다. 개항 이후 서양 제국들과의 교역에 직접 조선이 나
서 통화를 제작하고 있다는 점에서 은둔으로 점철되었던 당대 대외
인식에 대한 전환을 할 필요성을 보여주는 화폐이기도 하다.

전환국의 설립

전국적으로 유통될 화폐가 개항 이후 더 많이 필요해지면서 화폐 문제를 전적으로 관리할 관서가 필요해졌다. 전환국은 1883년에 설치되어 1904년까지 서양식 조폐 기술을 도입한 화폐관리국이었 다. 상평통보는 한 곳에서 통제하는 것이 아니라 여러 곳에서 주전 을 하고 있었고 그 결과 주전과 관련된 이익도 여러 곳으로 흩어지 고 있었다. 개항으로 인한 무역수지의 보완, 고종을 중심으로 한 '무 비자강武備自强'의 정책 전환 등 모든 것들은 재정적 기반이 마련되 어야 가능한 일이었다. 하지만 이미 제작한 대동은전도 수량이 많 지 않았지만 결국 시장에서 순식간에 사라지고 있었다. 이에 정부 에서는 새로운 화폐를 제작하여 재정을 충당할 필요를 느끼고 있었 다. 정부에서 제작한 동전은 바로 당오전當五錢이었다.

당시 조정에서는 안팎의 어려움으로 나타난 재정적 위기를 당오 전의 주전을 통해 돌파하려는 뜻을 명확하게 드러내고 있었다. 하 지만 일시에 많은 양의 당오전을 주전하는 데 어려움을 겪고 있었 고, 이를 해결하기 위해 전환국을 설치하여 독립적인 상설 조폐 기 관을 확보했다. 전환국의 초대 총판에 임명된 묄렌도르프Paul Georg von Möllendorff(1847~1901)는 근대 화폐를 발행하기 위해 독일에서 근대 기기를 도입하여 주물이 아닌 압인 방식으로 기계식 동전 제작에 돌입했다. 높은 온도와 복잡한 사후 과정을 통해 주전하던 상평통보 제작 방식이 아니라 프레스 기계로 동전을 높은 압력으로 눌러 찍어내면서 동전의 제작 시간은 훨씬 줄어들게 되었다. 하지만 전환국에서 주조한 동전들은 하나로 통일되지 못했고, 통화정책의 부재와 다양한 종류의 동전이 유통되면서 조선의 화폐 질서는 혼란에 빠지고 말았다.

일제의 침탈도 그치지 않았다. 1894년 청일전쟁을 한반도에서 치르며 일제는 더 많은 자금을 착취하기 시작했다. 일본의 화폐를 본위로 하고 나머지 화폐를 보조화폐로 유통하고자 했던 1894년 '신식화폐발행장정'은 일제의 속내를 가상 명확하게 보여준 것이라고 할 수 있다. 청일전쟁으로 일본이 우리나라에 군대를 진출시키고 청과의 전쟁을 수행하면서 일본의 화폐가 유입되었고, 새로운 장정을 통해 상평통보와 교환 비율을 정하는 등 상평통보보다는 일본의 화폐를 도입하여 금융권을 점차 장악해 나가기 시작했다. 아래의 규정은 일제의 강력한 요구에 따라 1894년(고종 31) 시행된 '신식화폐발행장정'의 일부이다. 이 장정의 핵심은 은본위를 기본으로 동화를 보조화폐로 채택하였는데, 이 역시 일제의 경제적 침략 의도가 명확한 것이었다. 특히 아래의 '7조'는 일제가 화폐를 통한 경제 침략을 수월하게 해주는 역할을 해주었다.

> 제7조 신식화폐를 많이 주조하기에 앞서 외국 화폐를 혼
> 용할 수 있다. 단, 본국 화폐와 동질, 동량, 동가인 것만을
> 통용하도록 허가한다.
>
> —『신식화폐발행장정』, 제7조

이 규정으로 일본의 화폐가 국내에 통용될 수 있는 법적 근거가
마련되었다. 청과 일본, 그리고 미국과 러시아 등 열강들이 조선에
서의 영향력을 포기하지 못하는 상황에서 상평통보와 외국환의 통
용이 법적으로 확대되었고 조선에서의 화폐주권은 점점 약해져 가
고 있었다.

일본의 은본위제에 저항하며 조선에서는 1903년 금을 본위로 정
하는 '중앙은행조례'를 선포했지만 실현되지 못했고, 점차 일제의
침탈에 종속되며 화폐제도 일제의 의도대로 조정되었다. 아직 시장
에 상평통보는 존재하고 있었다. 하지만 그 가치는 보장되지 못하
며 1678년 이후 지속된 유통의 끝을 직감할 수밖에 없었다. 일제의
외교권 박탈을 계기로 일본은 재정고문을 파견하였고 화폐정리사
업을 통해 화폐개혁을 단행하고 말았다.

상평통보는 조선 숙종 대 처음 만들어져 조선 왕조와 함께 운명을 다했다. 한반도에서 가장 오랜기간 동안 유통되었던 화폐로 상평통보는 그 자체로 의미가 있다. 그렇다면 왜 하필 그 시기에 조선은 상평통보를 제작하여 유통시켰던 것일까? 조금 더 편리하다면 왜 더 일찍 사용하지 못했을까? 이러한 물음은 꼬리에 꼬리를 문다. 더구나 상평통보와 같이 구리를 주원료로 다른 금속과 합금한 화폐를 일본이나 중국에서는 훨씬 더 이전부터 사용하고 있었다. 혹여나 경제적 발전의 결과물로 화폐 사용을 이해한다면 조선이 왜 너 일찍 상평통보를 사용하지 못했는가라는 의문은 계속될 수밖에 없다.

교과서에서 말하는 이른바 '상품 화폐 경제'라는 용어는 화폐가 상품거래의 빈번함과 밀접하게 연결된다는 구조 속에서 전근대 경제를 규정지은 용어이다. 이런 이해구조 속에서는 상평통보가 다른 지역보다 뒤처진 경제발전의 더딤을 반영한 결과라고 이해할 수밖에 없다. 하지만 전근대 화폐는 오늘날과 다른 구조 속에서 유통되었고 그 구조 속에서 다른 여러 가지 기능을 담당하고 있었다. 교환수단이라는 고전경제학에서 주목한 역할 이외에도 화폐는 재정적인 측면에서 전근대 국가의 활용도가 매우 높았다. 특히 현물경제에 의존하고 있는 전근대 화폐는 유용한 그리고 값나가는 또 하나의 중요한 상품으로도 기능했다. 쌀이 부족할 때에 동전을 주조하여 유통하자는 논의가 나온 것도 이러한 맥락에서였다.

조선시대 유통된 '상평통보'의 경우 겉모양은 거의 유사했지만 화폐 유통의 목표는 다른 인접 국가와 달랐다. 화폐의 이름에서 명확하게 드러나고 있듯이 '상평常平'이 화폐 발행의 목표였다. 가까운 중국만 하더라도 황제의 연호를 새겨 넣어 동전의 공신력 확보를 최우선으로 세운 것과 차이를 보인다.

따라서 상평통보는 조선 사람들 모두에게 일정량이 돌아갈 수 있도록 오늘날 화폐와 같이 인구수보다 훨씬 많은 양이 필요했던 것은 아니었다. 당시 대부분 시골 사람들은 상평통보 없이도 살아가는 데 아무 지장이 없었다는 기록은 이를 반영하는 것이라고 볼 수 있다. '상평'이 가장 필요한 곳은 도회지 특히 서울이었으며 서울의 물가를 일정하게 유지하기 위해서는 인구 전체가 사용할 정도의 양이 필요하지는 않았다. 상평통보는 서울과 대도시의 물가를 조정하기 위한 가장 큰 목적을 수행하기 위해 만들어진 화폐로 볼 수 있는 근거들이 나오고 있다.

국가의 의도에 따라 움직였던 상평통보는 오히려 백성들에게 불편함을 가져다주기도 했다. 봄과 가을, 춘궁기와 추수기의 곡물 가격 차이는 상평통보를 무용지물로 만들기도 했으며, 지역에 따라 상평통보는 구할 수 없어 오히려 재산을 팔아야 하는 지경에 이르기도 했다. 오늘날과 같이 편리한 수단으로 상평통보를 규정지어서는 그 전체의 모습을 확인하기 힘든 이유이다.

법과 제도 혹은 사물의 사용과 활용은 시간과 장소에 따라 다를 수밖에 없다. 그 다른 이유는 '관계 맺음' 속에서 규정지을 수 있다. 하지만 역사 속에서 존재했던 '관계'는 오늘날에는 크게 변하거나 혹은 사라져 버린 것일 수도 있어 현대적 관점에서 과거에 존재했던 무엇을 복원하는 것은 세심한 주의가 필요하다. 상평통보는 그런 의미에서 화폐라는 현대적 관점에 너무 구속되어 협소하게 이해한 감이 없지 않다. 외형은 중국의 그것과 닮았지만 명칭부터 가치 부여까지 너무도 다른 역할을 조선의 역사에서 수행하고 있었다. 돈이라는 정의로 쉽게 규정지을 수 있을 것 같지만 속내는 그렇지 않다. 수량도 풍부하지 않았지만 200여 년이나 조선에서 주축 화폐로 기능했던 상평통보는 아직 보여주지 못한 역할을 더 많이 수행했을 것으로 보인다. 장기간 유지되었던 전통 왕조의 유지 비법 가운데 상평통보가 있지 않을까?

주석

들어가는 말

1 『한서』 지리지의 기록에는 '전'이라는 단어는 포함되어 있지 않다. 다만 당시 화폐의 단위를 '전'으로 추정하여 단위로 사용하고 있다.

2. 화폐의 전사前史

2 『고려사』 권24, 열전 「문익점」.

3. 상평통보의 등장

3 원유한, 『조선후기 화폐사』 혜안, 2008, 109쪽.

4. 구리로 만든 최고의 상품, 상평통보

4 본문의 미가 정보는 다음을 참고하였음(朝尾直弘, 「米價相場」(小葉田淳 監修, 『讀史總覽』, 人物往來史, 1966, 759-776쪽).
5 문광균, 『조선후기 경상도 재정 연구』, 민속원, 2019.
6 일본 내의 면포 가격은 다음 자료를 활용하였다(三井文庫 編, 『近世後期における主要物価の動態』, 東京大学出版会, 1952, 86쪽에 있는 〈표 2〉 '大坂主要商品相場表'에 기재된 물가를 이용).

5. 상평통보의 제작

7   김지호, 『조선시대 상평통보의 주조연대와 주전소에 따른 물리 및 화학적 특성연구』, 공주대학교 석사학위논문, 2022.

6. 효용성 높은 상평통보

8   정수환, 『조선후기 화폐유통과 경제생활』, 경인문화사, 2013, 321-325쪽; 노혜경, 「『이재난고』의 여행기」, 『고문서연구』 20, 한국고문서학회, 2002.

9   이재頤齋 황윤석黃胤錫(1729~1791)이 쓴 개인일기로 당시 문학, 정치, 경제를 망라한 다양한 내용이 수록되어 있다. 1984년 선라북도 유형문회지 제111호로 지정되었으며 황윤석의 『이재난고頤齋亂稾』에 대한 연구는 수록된 내용만큼이나 다양한 학문분야에서 이뤄지고 있다.

10 황윤석의 여정과 지출내역 등 자세한 사항은 노혜경의 논문을 참고하여 작성하였다. 노혜경, 「『이재난고』의 여행기」, 『고문서연구』 20, 한국고문서학회, 2002.

11 정수환, 앞의 책, '〈표 4-9〉 황윤석의 노비路費 지출내역'을 참조하여 작성하였다.

12 김용섭, 「조선후기 양반층의 농업생산」, 『증보판조선후기농업사연구』 2, 일조각, 1990, 251쪽.

13 이정수, 「16세기 중반~18세기 초의 화폐유통 실태」, 『조선시대사학보』 32, 조선시대사학회, 2005.

14 유현재·김현우, 「조선후기 서울 주택가격 변동과 의미」, 『조선시대사학보』 95, 조선시대사학회, 2020.

15 공평동 유적은 2015년 공평 1·2·4지구 도시환경정비사업을 추진하면서 기초공사를 위해 땅을 파내려가다 발견되었다. 해당 지역은 조선시대 행정 구역 상 중부 견평방堅平坊에 속하며 조선 초기부터 일제시기까지 유구들이 잘 보전되어 있었다. 유구가 발견된 이후 건물을 세우는 과정에서 해당 유 적을 지하에 그대로 복원하여 전시하고 있다.

16 『흠영』 1784년 9월 1일. 김하라, 「유만주의 『흠영』 연구」, 서울대학교 박 사학위논문, 2011, 126쪽.

7. 이익의 극대화: 주전이익

17 구리 가격 정보는 다음의 자료를 참고하였다(VOC에서 수입한 구리 가격 정보, 八百啓介, 『近世オランダ貿易と鎖国』, 吉川弘文館, 1998, 140-141 쪽; 일본 내 구리 가격 정보, 今井典子, 「近世中期の地賣銅について」, 『日本 歷史』 480, 1980, 50-67쪽).

8. 상평통보의 시련

18 국사편찬위원회, 『심원권일기』, 김송자 외 옮김, 2024.

참고문헌

1. 단행본

김용섭, 「조선 후기 양반층의 농업생산」, 『조선 후기농업사연구』 2, 일조각, 1990.

문광균, 『조선 후기 경상도 재정 연구』, 민속원, 2019.

원유한, 『조선 후기 화폐사』, 혜안, 2008.

오달운, 『국역 해금집海錦集』, 「가주주전편부의加鑄錢便否議」, 국역해금집발간위원회, 1993.

정수환, 『조선 후기 화폐유통과 경제생활』, 경인문화사, 2013.

2. 논문

김지호, 「조선시대 상평통보의 주조연대와 주전소에 따른 물리 및 화학적 특성연구」, 공주대학교 석사학위논문, 2022.

김하라, 「유만주의 『흠영』 연구」, 서울대학교 박사학위논문, 2011.

노혜경, 「『이재난고』의 여행기 분석 -『서행일력』을 중심으로」, 『고문서연구』 20, 한국고문서학회, 2002.

유현재, 「조선 후기 주전정책과 재정활용」, 서울대학교 박사학위논문, 2014.

유현재·김현우, 「조선 후기 서울 주택가격 변동과 의미」, 『조선시대사학보』 95, 조선시대사학회, 2020.

이정수, 「16세기 중반~18세기 초의 화폐유통 실태」, 『조선시대사학보』 32, 조선시대사학회, 2005.

장수비, 「조선시대 상평통보의 성분 조성과 미세조직」, 공주대학교 석사학
　　위논문, 2015.

朝尾直弘, 「米價相場」(小葉田淳 監修, 『讀史總覽』, 人物往來史, 1966.)

甘粕健, 『講座·日本技術の社会史』5, 日本評論社, 1983.

小葉田淳, 『日本銅鑛業史の研究』, 思文閣, 1993.

百啓介, 『近世オランダ貿易と鎖国』, 吉川弘文館, 1998.

今井典子, 「近世中期の地賣銅について」, 『日本歴史』480, 1980.

三井文庫 編, 『近世後期における主要物価の動態』, 東京大学出版会, 1952.